李福钟 编著

新千字文

白话·分类·解读

知识产权出版社
全国百佳图书出版单位

图书在版编目（CIP）数据

新千字文：白话·分类·解读 / 李福钟编著 . —北京：知识产权出版社，2019.3
　　ISBN 978-7-5130-6111-7

　　Ⅰ.①新… Ⅱ.①李… Ⅲ.①中华文化—通俗读物
Ⅳ.① K203-49

中国版本图书馆 CIP 数据核字 (2019) 第 034100 号

责任编辑：王颖超　　　　　　　责任校对：潘凤越
文字编辑：褚宏霞　　　　　　　责任印制：刘译文

新千字文——白话·分类·解读

李福钟　编著

出版发行	知识产权出版社有限责任公司	网　　址	http://www.ipph.cn
社　　址	北京市海淀区气象路 50 号院	邮　　编	100081
责编电话	010-82000860 转 8655	责编邮箱	wangyingchao@cnipr.com
发行电话	010-82000860 转 8101/8102	发行传真	010-82000893/82005070/82000270
印　　刷	北京建宏印刷有限公司	经　　销	各大网上书店、新华书店及相关专业书店
开　　本	720mm×1000mm　1/16	印　　张	13.5
版　　次	2019 年 3 月第 1 版	印　　次	2019 年 3 月第 1 次印刷
字　　数	186 千字	定　　价	49.00 元
ISBN 978-7-5130-6111-7			

出版权专有　　侵权必究
如有印装质量问题，本社负责调换。

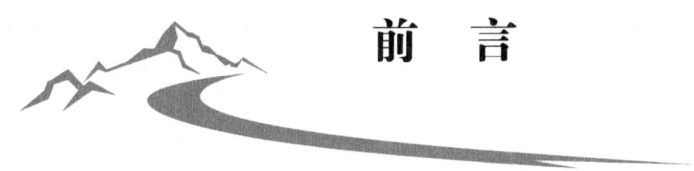

前　言

目前社会上流行的《千字文》，是南朝梁武帝时期周兴嗣编写的。梁武帝萧衍酷爱文学，也很爱书法，尤其是王羲之的字。他让人在王羲之的墨迹中找出一千个不同的字，请散骑常侍周兴嗣写出一篇完整的文章来。要把一千个字演绎成一篇一字不同的文章殊非易事。传说周兴嗣一夜白头，遵命完成，这就是流传久远的《千字文》。周兴嗣是一位文人学士，他写的这篇《千字文》涉及面广，内容包括宇宙、社会、历史、伦理、教育等诸多方面，每句四个字，带有韵律，比较通俗易懂，适合孩子们阅读，许多地方都把它当作一本启蒙的必读课本，使其流传下来。不少著名书法家都用各种字体写过《千字文》，可见这篇文章的魅力所在。周兴嗣之后又有不少人写了千字文，如《续千字文》《叙古千字》《重续千字文》等，不下数十种，但都流传不广，只有周兴嗣的《千字文》流传至今。

但是毕竟时代不同了，周兴嗣的《千字文》写作至今已逾一千五百年，当今的政治制度、社会生活、科学技术等方面，和那个时代已经迥然不同，而且这篇文章是文言文，一些年青人不一定看得懂，把一篇一千五百多年前写的文章原封不动地拿到现在来学习应用，显然是不太合适了。但是当今，在中小学教学中，有一本启蒙读物还是需要的，正因为此，笔者萌发了写一本《新千字文》的念头。经过多年的琢磨推敲，反复的修改提炼，终于写成了这本《新千字文》，不辞浅陋，提供出版，也算是了却一个心愿。

这本《新千字文》的基本宗旨是：重温历史，中华复兴；道德规范，教学相长；德法兼治，和谐和平；发展经济，造福人民；科学创新，追求卓越。启示人们一种新时代的价值理念，人们对长治久安、过美好生活的共同向往。

据此，《新千字文》在写作上有如下几个特点。

一是白话。《新千字文》根据现时通行的白话文写作，每句四个字，大体上两句是一小组，文字上下衔接，尽可能有连续感，通俗易懂，而不是一篇支离破碎、东拼西凑、杂乱无序的文章。《新千字文》虽未刻意押韵，但也注意了音节的合拍，读起来仍朗朗顺口。除了每一篇的标题以外，全文一千字没有重复。

二是分类。《新千字文》在内容上，参照周兴嗣所编《千字文》，涉及面也是比较广的，诸如政治、经济、文化、生活、科学技术等几大方面均有所涉及，并结合现时状况作了分类。全书共分十篇：一、宇宙；二、历史；三、政治；四、经济；五、法治；六、科技；七、教育；八、文化；九、伦理；十、养生。

三是解读。即对《新千字文》逐段逐句作了一些解读。原文一句只有四个字，过于概括，不一定能说得很清楚，解读就是对原文加以补正和充实，帮助读者更好地理解原文，起到一点启迪辅助的作用。

在撰写这一本《新千字文》时，深感难度很大，一千个字一个字也不能重复，还真是煞费苦心呀！我在写作过程中翻阅引用了大量的辞书、资料、文献，为我所用，特别是习近平同志近几年来关于治国理政等方面的重要讲话、报告，给了我极大的启发。实际上这不是一本什么创作，只是做了一点集大成的工作而已，在此谨向有关辞书、资料、文献等作者表示深切的谢意。

时光易逝，岁月不再，我已垂垂老矣。如今在这耄耋之年，还想做一点有益于社会的工作，深感为时已晚；且自知学识浅陋，难以很好地完成这部作品，虽然作了一些努力，但肯定仍有许多不足的地方。此书如能在启蒙教学中起到一点参考作用，则我愿足矣。请广大读者、饱学之士不吝赐教，批评指正。

  本书在写作过程中得到中央广播电视大学前副校长陆鑫、北京大学经济学院教授何小锋、中国科学院古脊椎动物与古人类研究所研究员朱敏、中国科学院数学与系统科学研究院副研究员何煦、《金融时报》社副总编辑李大萍等诸位先生、女士的大力支持，对原稿进行了认真审读，提出了宝贵意见，使我获益匪浅。朱敏先生并为此写了序。同志们热心推荐，知识产权出版社慨允出版，在此一并表示深深的感谢。

作　者

2019 年春

目录

分 类 ··· 1
一、宇 宙 ··· 3
二、历 史 ··· 4
三、政 治 ··· 5
四、经 济 ··· 6
五、法 治 ··· 7
六、科 技 ··· 8
七、教 育 ··· 9
八、文 化 ··· 10
九、伦 理 ··· 11
十、养 生 ··· 12

解 读 ··· 13
一、宇 宙 ··· 15
二、历 史 ··· 32
三、政 治 ··· 52
四、经 济 ··· 72
五、法 治 ··· 87
六、科 技 ··· 104

1

七、教　育·················· 126

八、文　化·················· 149

九、伦　理·················· 168

十、养　生·················· 185

附　录·················· 201

后　记·················· 204

分类

一、宇　宙

寥廓苍穹　宇宙奥秘
仰望星辰　闪耀灿烂
椭圆地球　广纳普载
陆水空气　激活万类
一年四季　春夏秋冬
十二个月　三六五日
晨晖暮暝　寒去暑回
东西南北　山河壮丽
层林叠翠　沙漠瀚域
田连阡陌　种植牧畜
城乡比肩　熙攘提挈
雷震泥石　旱涝灾害
自然规律　优胜劣汰

二、历 史

炎黄儿孙　认祖归宗
尧舜禹汤　周灭暴纣
秦吞诸雄　首称皇帝
两汉魏晋　隋唐宋元
明清民国　难逃覆辙
无产阶级　举旗登台
忆昔颖睿　冲破蒙昧
农垦医疗　天象算术
剩余欠缺　乃有交易
造纸印刷　磁针火药
百家争鸣　繁花似锦
悠久历史　饱阅沧桑
伟大复兴　中华崛起

三、政 治

政者正也　　指挥若定
官员士庶　　唇齿偎依
社会主义　　核心价值
基本路线　　改革开放
高瞻远瞩　　通盘筹措
选擢履职　　只问俊贤
峥嵘磅礴　　团结奋斗
军队武警　　抵御侵犯
打击贪腐　　整饬党风
浚渠挖潜　　勤劳脱贫
遥慕近联　　谊犹兄弟
牢记使命　　勿忘初衷
进新时代　　筑富强梦

四、经　济

经济隆裕　柢固邦宁
商埠鼎盛　市场充盈
外贸购销　买卖双赢
财税稽征　轻敛薄赋
据收计出　堵塞漏洞
金融血脉　渗透全局
股券弄潮　促推投资
排壅降耗　稳定货币
数字支付　迅速准确
参加保险　遭殃获赔
节俭宽舒　淫泆沦亡
居安思危　集储援欵
丝绸引带　雨露滋润

五、法　治

宪法权威　管治重器
遵纪守则　维护秩序
令行禁止　鄙视特殊
疏密尊卑　同等看待
扫黑除恶　里巷恬谧
区别益损　奖罚咸宜
防微杜渐　弭患未遂
公检监察　恪负厥责
上访申诉　恳率接洽
听讼凭证　允许辩白
先期协调　酌限庭讯
严绝逼供　误判必纠

六、科 技

科技奉献　遍惠客户
紧抓前沿　荟萃英才
着眼创建　勇攀顶峰
信息网络　便捷操控
材料多型　按需摄取
能源转换　奇幻演绎
寰航探隐　循轨遨游
分子细胞　遗殖应用
浩瀚海洋　蕴藏瑰宝
机缘挑战　纵横驰骋
劈波斩浪　硕果突显
圣女缱绻　当惊世异

七、教育

教育事业　　灵魂工程
读写学习　　贯彻始终
老师讲授　　榜样垂范
倾箧输送　　如沐甘霖
扬粹吐糟　　矫枉匡谬
释疑解惑　　温故烁今
穷困憨拙　　概莫嫌弃
鼓励研议　　启迪诱掖
切磋琢磨　　并驾齐驱
追求卓越　　青甚乎蓝
截长补短　　树立体系
敬谢训诲　　感恩图报
桃李芬芳　　姹紫嫣红

八、文 化

璀璨文化　知识积淀
珍贵传统　流光溢彩
精神物质　互相呼拥
意志坚毅　力量凝聚
艺苑面向　为什么人
舆论媒介　点拨迷津
掌握平衡　缩减差距
禀廉祛私　谨免蚕蚀
诤谏逆耳　苦口利病
入于染缸　随而变颜
瑕不掩瑜　以柔克刚
肥沃土壤　任君耕耘

九、伦 理

伦理观念	表达要旨
继往续来	巧妙契合
仁爱礼智	道德丰碑
忠孝谦诚	愉悦欣慰
真善美慧	展示品位
磊落坦荡	孤处慎独
松柏挺屹	何惧霜冻
条件艰辛	站住脚跟
成败得失	尽其在我
荣辱毁誉	毋过牵挂
错讹怠忽	及早更迭
是非曲直	实践鉴裁
少小蹉跎	晚徒伤悲

十、养　生

黎阳拂照　喜迎朝霞
秉持锻炼　祝尔健康
张弛恰适　功效倍增
餐饮宴席　粗纯搭配
摒舍陋俗　素朴简约
热忱服务　慷慨捐施
生态环卫　绿色低碳
琴棋书画　修身养性
言谈音貌　和蔼可亲
扶迈携幼　欢歌笑语
门楣祥瑞　快乐幸福

解读

一、宇 宙

寥廓苍穹
宇宙奥秘

解读

　　寥廓就是辽阔，苍穹就是天空。人们用寥廓苍穹来描绘无边无际、无穷无尽、无声无色、无与伦比的宇宙天空。《庄子·逍遥游》中提到遥远的天的颜色时说："天之苍苍，其正色邪？其远而无所至极邪？"意思是遥远的"天"看起来是深蓝色的，其实这并非它的本色，只是因它过于高远看不到尽头造成的一种错觉。毛泽东在《沁园春·雪》中写道："欲与天公试比高。"天公就是天空、宇宙，说明毛泽东的胸怀无比宽广，要与天公比试一下高低，这既是一个十分形象生动的比拟，又是毛泽东一生伟大事业的光辉写照。

　　宇宙是指包括地球等一切天体在内的无限空间。"宇宙"一词在中国最早见之于《庄子·齐物论》："挟宇宙，为其吻合"，意即宇宙与万物混为一体，宇宙就是天地万物的总和。"宇"指空间，"宙"指时间。战国末期法学家尸佼曾说："四方上下曰宇，往古来今曰宙。"在西方,"宇宙"一词最早见之于古希腊,原意就是秩序,引申为宇宙是一个无所不包的"有秩序的宇宙体系"。中国古时候往往把"宇宙"和"洪荒"连起来,"洪荒"顾名思义就是洪大而荒凉,似乎是说宇宙只是处在一种蒙昧混沌的状态。其实不然,随着科学技术的发展,人们逐渐掌握了一些宇宙的奥秘,证明人类所居住的宇宙空间并不是蒙昧混沌的,而是一种深遂广袤的客观存在,是一种永恒发展的物质世界,它遵循一定的规则运行。但尽管如此,现在人们对外星世界的奥秘仍然知之甚少,自然界究竟是什么样的,还没有人能够说得很清楚,其中的奥秘还有待深入的研究和揭开。依照科学家的测算,宇宙的年龄大概是140亿岁。

无限广阔、包容一切的宇宙,抚育出无数生物茁壮成长,名之曰"大自然"。

仰望星辰
闪耀灿烂

解读

"星"就是发光的天体，凡是能够发光的天体，都叫星。但是并不是所有的星都能发光，它也是有区别的。本身能够发出光和热的天体称为恒星，如太阳。过去认为这种天体不会移动，所以叫它恒星，实际上恒星也是在运动的。

本身不发光，而是绕着恒星运行，反射出恒星光的星球，称作行星。太阳系的"八大行星"就是地球、金星、水星、火星、木星、土星、天王星、海王星，此外还有其他各种小行星。

本身不能发光，只是按一定的轨道绕行星运转的天体，叫作卫星。如月亮，绕着地球运行，好像是在保卫着地球。

随着科学的发展，现在有了"人造行星"和"人造卫星"。人造行星就是用火箭发射到星际空间，摆脱地球的引力，按一定轨道绕太阳运行的人造天体。人造卫星就是用火箭发射到天空，按一定轨道绕地球或其他行星运行的人造天体。绕地球运行的人造地球卫星，探索太阳和月亮的奥秘，使人类与其他星球更接近了。

椭圆地球
广纳普载

解读

　　地球是人类居住的星球,大约形成于46亿年以前。地球是略扁的椭圆形球体,由各种矿物质和水、气的混合物积聚而成。地球表面有坚固的地壳,有绵亘的高山和广袤的海盆。由于地壳的不断变化运动,地球表面也是在不断变化运动的。现在的高山,可能是由过去的海洋沉积而成;现在的海洋,几千万年以前可能是高山。这种状况目前还在继续,只不过它的变动十分缓慢而已。

　　地球自转一周的时间是一昼夜,绕太阳一周的时间是一年,有一个卫星(月球)。地球周围有大气圈包围,表面是陆地和海洋,生存着人类和动植物等。地球广纳普载,据统计,世界上现有人口为70多亿,各种动物约130万种,各种植物30余万种。地球上生存着这么多生物,又每天在不断的变化发展中,所以说地球的压力不小呀!

陆水空气
激活万类

解读

  空气和水是人类生命不可或缺的物质。空气是弥漫于地球周围的混合气体，主要成分是氧和氮，还有极少量的水蒸气、二氧化碳等。地球与空气相伴而存在。离地面愈高，空气愈稀薄。地球表面的海洋江河湖泊则提供了大量的水。目前地球上陆地的面积大约占1/3，海洋面积大约占2/3。陆地分布在非洲、亚洲、欧洲、北美洲、南美洲、大洋洲和南极洲七大洲；四大海洋就是太平洋、大西洋、印度洋和北冰洋。

  有了大气层的空气和洋海江河就可以维持地球上所有的生命，激活万物，所以说陆、水、空气是生命的摇篮。

一年四季
春夏秋冬

解读

年是时间单位。一年就是地球绕太阳一周（公转）的时间。公历平年为365日，闰年为366日；夏历（农历）平年为354日或355日，闰年为383日或384日。

年代是怎么推断出来的呢？年代学家告诉我们：考定和推算历史年代的方法大体有四种：一是根据历史记载考察或比较具体的年代；二是根据天体运动和古今历法测定；三是依据考古学、地质学、古生物学等推定绝对年龄和相对年代；四是利用自然科学测定远古年龄。

一年有春夏秋冬四个季节，三个月为一季度。中国夏历以一至三月为春季，四至六月为夏季，七至九月为秋季，十至十二月为冬季。公历3—5月为春，6—8月为夏，9—11月为秋，12月至翌年2月为冬。春是播种的季节，夏是耕作的季节，秋是收获的季节，冬是储藏的季节，也是为开春播种准备的季节。

十二个月
三六五日

解读

"月"就是月球、月亮。月球是地球的天然卫星，它本身不发光，因反射太阳光才被看见。月球直径为地球直径的1/4，引力相当于地球的1/6。月球表面凹凸不平，被大量的岩石覆盖着。月球自转的周期与绕地球转动的周期相等，都是27.3日，故永远与地球面对着。"月"作为一种计时单位，早在古巴比伦（今伊拉克境内，在公元前2000年左右兴盛，现已消失）时代就已把一年定为12个月，每月4周，每天24小时，每小时60分钟，每分钟60秒，一直沿用至今。现在公历大月为31天，小月为30天，二月份为28天（闰年为29天）；我国夏历大月为30天，小月为29天（闰年加一个闰月）。

一天、一月、一年，春夏秋冬，时间就是这样周而复始地运行着。说时间过得快，它确实很快；说时间过得慢，它也确实很慢，就看你怎样面对时间了。

晨晖暮暝
寒去暑回

解读

地球按轨道运行,地球的赤道平面与公转的轨道平面之间的夹角为23°26′,故有四季寒暖、昼夜长短的现象出现。

晨晖。早晨太阳从东方升起,人们在充足的睡眠以后醒来,精神饱满,活力四射,是一天中最富想象力的时间,为你即将从事的工作、学习,孕育着充沛的精力。

暮暝。傍晚,暮色苍茫,太阳落山了,天色渐渐地昏暗了,忙碌的一天过去了,该休息了。吃完晚饭以后,或和家人一起外出散步,问问孩子们的学习情况;或去健身房锻炼身体;年轻人和老人们谈谈心,了解他们的身体状况;或看看电视,把一天疲劳的身心解脱开来。有劳需要有逸,才能保持身体健康。

朝晖夕暮也隐喻着一个人要有朝气,要抓紧年轻时的美好时光,努力学习,努力工作,为国家作出贡献,而不是暮气沉沉,虚度光阴,莫等闲,白了少年头,空悲切。

冬天寒冷,夏天酷暑,寒去暑来,这是大自然气候变化的规律。科学家们都在研究全球气候变暖的进程和规律,及其对人类生活有什么影响,等等。

东西南北
山河壮丽

解读

我们中国地处亚洲东部,太平洋西岸。国土面积960多万平方千米,与整个欧洲的面积差不多,为世界第三大国(面积)。国土东起黑龙江和乌苏里江汇合处,西至帕米尔高原,相距约5200千米;北起漠河附近的黑龙江上,南至南海诸岛,相距约5500千米。中国一共有56个民族,是一个统一的多民族国家。

我国有许多高山、大河,其中以西藏境内的喜马拉雅山最高,其主峰珠穆朗玛峰,2005年测量岩面高为8844.43米,是世界第一高峰。

此外还有著名的"五岳",即东岳泰山(山东境内),西岳华山(陕西境内),南岳衡山(湖南境内),中岳嵩山(河南境内),北岳恒山(山西境内)。其他著名的山,如天山、太行山、黄山、庐山、峨眉山等,或奇峰突起,或气势雄伟,或地势险要,或风景秀丽,或名胜众多,而受到众人的青睐,成为旅游胜地。

我国最著名的河流有长江、黄河等。长江是我国第一大河,发源于青藏高原的唐古拉山,向东流经青海、西藏、四川、云南、重庆等11个省、自治区、直辖市,在上海注入东海,全长6397千米,灌溉了无数的良田沃土。

黄河是我国第二大河,因其水内含沙较多而浑浊如黄汤,故名黄河。发源于青海省的巴颜喀拉山,向东流经青海、四川、甘肃、宁夏、内蒙古等9个省、自治区，在山东省东营市注入渤海，全长5464千米。中华人民共和国成立后对黄河进行了开发治理，修建了多座水库和电站，使河害变成河利。

此外，各地的江、河、湖、泊星罗棋布，成千上万，纵横交叉，浇灌农田。我们国家可以说是东西南北、万水千山呀！

中华人民共和国成立以来，在许多缺水的地方建立了水渠、水库、水坝，用以灌溉农田，最著名的要数红旗渠。这条位于河南林州市境内的人工渠道，从山西省平顺县引漳河水入漳州市，在太行山中盘山开渠，穿岭跨谷，用了十年的时间，终于修成70多千米的总干渠。当地农民用艰苦卓绝的精神、钢铁般的意志修筑的这条人工渠，令人无比的钦佩。

层林叠翠
沙漠瀛域

🌀 解读 🌀

我国有广阔的森林。森林是指以乔木为主体的植物群落。各种动物和植物构成森林的主体。森林有保持水土，调节气候，防止水、旱、风、沙等自然灾害的功用。在一年的大部分时间里，远望一层一层密密麻麻、各种各样的树木，显得既高巍，又青翠，充满了勃勃的生机，可以说是层林叠翠呀！

在我国，特别是西北，有大片的沙漠和戈壁。沙漠是指沙质的荒漠，地面完全被沙覆盖，缺乏流水，气候干燥，植物稀少，在风力的推动下，沙子不时地移动，浸没附近的农田、村镇、道路，造成危害。戈壁和沙漠一样，也是地面被粗沙和砾石所覆盖，植物稀少的荒漠地带。我国的戈壁主要分布在内蒙古自治区北部，蒙古语称它为"难生草木的土地"。

我国地域广大，既有宽阔平原，又有崇山峻岭；既有层林叠翠，又有沙漠戈壁；既有江河湖泊，又有阡陌良田。

瀛域，就是海洋区域，泛指地球表面连成一体的海和洋的总称。海洋里孕育着各种奇珍异宝，数也数不清。紧靠陆地和海洋的分界线叫海岸线，停泊船只舰艇的口岸叫港口或码头。我国有辽阔的海岸线，通过海洋，可以直达世界各地。辽阔的海洋为人们提供了丰富的海产品，也是人们旅游、运输货物的重要通道。海底潜藏着丰富的石油、矿产等自然资源，是科学探索的重要领域。

田连阡陌
种植牧畜

解读

　　我国的农村田连阡陌，种植了许许多多、各种各样的庄稼，有小麦呀，水稻呀，玉米呀，高粱呀，棉花呀，等等，数也数不清。正是这些庄稼，养活了亿万人民。

　　我们国家过去以农立国，现在工业化了，但农业仍然占有重要地位。"民以食为天"，十几亿中国人民没有农业，吃什么？穿什么？难道靠外国进口吗？不可能呀！所以这些年来每年的中央一号文件，都是讲的农业，可见中央对农村和农业的重视。现在我国的农村与中华人民共和国成立前有了很大的不同。我们到农村去看一看，真的是田连阡陌，一派欣欣向荣的景象，机器代替了人力，耕作效率有了极大的提高，农民的生活也有了很大改善。真是农业兴，国家兴；农村富，人民富、国家富呀！

　　农业操作要按一定的规律，所谓不违农时，就是冬天要做冬天该做的事情，夏天要做夏天该做的事情，春天要做春天该做的事情，秋天要做秋天该做的事情。冬天虽然没有太多农活，但是要为来年春天的播种做好准备。春夏秋冬都有事要做，如果不按农时生产操作，人们吃什么，穿什么？就有冻馁之虞。

　　农村中大多家庭饲养鸡、鸭、猪、牛、羊、马，一是辅助劳作，二是改善伙食，三是出售增收。尤其是在大西北，地广人稀，养马放牧，驰骋疆场，成为一大亮点。

　　2017年12月，中央召开的农村工作会议提出了创新乡村的治理体系，要求到2035年基本实现农业、农村现代化，到2050年，乡村全面振兴，农业强、农村美、农民富全面实现。这是全国人民，尤其是农村人民千百年来梦寐以求的美好前景，令人振奋。

城乡比肩
熙攘提挈

解读

城,就是城市人口比较集中的地方,居民主要从事工商业、政治、文化、教育、科学和其他非农业生产事业。

乡,就是乡村、农村,农民居住比较集中的地方,主要从事农业生产。因为与农田比较近,便于出门耕作。

中国长时期是以农立国的国家,中华人民共和国成立以前,70%以上的人口在农村,城市人口只占很少数。但因为农产品的价格相对比较低,生产方式落后,生产力水平比较低,而且经常受到水旱风沙等自然灾害的侵袭,农民收入低,生活贫困。这种现象中华人民共和国成立以后才得到改变,农业生产力逐步提高,农民的地位得到提高,农民生活也有了明显的改善。

乡村和城市各有各的特点,也各有各的优缺点。城市工商业、文化教育比较发达,交通便利,但也存在交通拥挤、空气污染等问题,为人们所诟病。而农村则空气新鲜,令人心旷神怡,对身体健康有利,但是也存在交通不便、文化相对落后的弊病。由于工作、学习、生活、买卖等各方面的需要,城乡人口熙来攘往,不绝于途,构成一幅靓丽的风景。

由于大城市的不断扩张,城市本身负荷不起,又由于农村人口到城市的过多,很难找到工作,已经有许多在大城市打工的农村人口重返农村，回家乡去创业。近些年来一些中小城镇逐步兴起，就是由于农村的需要而建立起来的。随着时代的发展，将来农村与城市的差别只会缩小，而不会扩大。

雷震泥石
旱涝灾害

解读

天有不测风云，人有旦夕祸福。世界上的自然灾害不知多少！什么水灾呀，旱灾呀，风灾呀，地震呀，雷击呀，火山爆发呀，泥石流呀，等等，不胜枚举。这是世界性的，中国也不例外。

中华人民共和国成立以来遭受的自然灾害也不算少。如早些年的邢台地震、唐山地震等，前些年的汶川地震，近年来南方许多省份的大风暴、大雷雨造成的涝灾，都极其严重，人民的生命财产遭受很大的损害。我国政府和慈善机构、志愿人员、解放军战士等，伸出援助之手，捐款捐物，或亲临第一线救灾救难。中国各地的各种自然灾害恐怕每年都有发生，只是程度不同而已。

自然灾害的防治水平与一个国家的科学技术水平也有很大的关系。我国政府近些年来对自然灾害的研究也做了大量的工作，及时发出各种信号，预测和预报，但是由于这种灾害往往带有突发性，突如其来，变化无穷，措手不及，面积又广，目前尚难以作出全面的根本性的防范措施。

人们住在这个地球上，既可以沐浴阳光雨露，享受大自然赏赐的美好风光，又会受到风沙雨雷各种自然灾害的侵袭，使人类学会了适应大自然的规律并和一切不利现象作斗争的本领。

自然规律
优胜劣汰

解读

遵循自然规律，实质就是适者生存的意思，一切生物要想生存，必须通过竞争，接受大自然的选择。适者生存，不适者就要被淘汰，也就是优胜劣汰的意思。

严复在《天演论》中介绍达尔文《物种起源》一书时对生存竞争和自然选择作了概括，指出"物竞者，物争自存也；天择者，存其宜种也"，以此表达生物进化的基本规律。现在世界上有些生物已经灭绝或濒于灭绝，而有些生物则继续生存，这就是物竞天择的一种表现。

后来人们把这种生物进化的规律应用到人类社会和政治生活上，认为人类也在竞争中才能生存，而所谓竞争就是适应社会发展的规律。不适应社会发展规律的就不能生存，这是一个严肃的话题。人们要知难而上，而不是知难而退，失败是成功之母。容许失败，才能最终取得成功，这是千古不易之真理。任何靠侥幸取胜，不适应社会发展规律需要的，都是要被淘汰的。大自然和人类社会告诉我们的就是这些。

鹰击长空，鱼翔浅底，万类霜天竞自由。大自然是人类的母亲，我们要敬畏大自然，热爱大自然，保护好大自然。

二、历　史

炎黄儿孙
认祖归宗

解读

　　炎帝和黄帝是我国上古时代两大氏族部落的领袖。炎帝就是神农氏，原住西北高原，后来到达中原地区，从游牧逐步转向农耕定居。黄帝就是轩辕氏，本来居住在现在的陕西渭水一带，是一个比较先进的部落。黄帝和炎帝曾经打过仗，炎帝失败。后来炎黄二帝结成联盟，打败了南方（其实就是黄河流域）的蚩尤部落，从此他们就在黄河流域繁衍和生活。其后黄帝部落又与其他许多民族交流与融合，逐渐形成了一个统一的华夏民族。人们把炎帝与黄帝并称，认为他们是中华民族的文化始祖和文明的起源，我们都是炎黄子孙。

　　氏族社会逐渐形成一种家庭关系。中国古代一般都是大家族，即大家庭，往往几代人住在一个大宅院里。立有宗祠，后辈人常在宗祠里聚议家庭大事，拜祭或吊唁先人，这就叫作认祖归宗。中国人常有一种家族观念，有一句俗话叫"五百年前是一家"，意思是我俩同一个姓，现在虽然不认识，但几百年前我们可能是同一家人呀！有一种亲和感。现在这种关系有了改变，子女成年后往往和父母分居，组成小家庭，大家族观念逐渐淡薄了。

尧舜禹汤
周灭暴纣

解读

尧、舜、禹均为我国古代部落首领。尧传位给舜,舜传位给禹,都是推举出来的,而不是传给自己的子孙,叫作禅让。

禹传位给了他的儿子启,立国号曰"夏",这是中国历史上第一个朝代,是一个奴隶制国家。传到桀,为商汤所灭。时间大约在公元前21世纪到前17世纪。

商汤灭夏,建都亳(今山东曹县),多次迁都,后来搬到殷这个地方(今河南安阳),所以也称殷商。商代的最后一个国君叫纣,暴虐残酷,被周所灭。商朝约在公元前17世纪到前11世纪,有600来年的历史。

公元前11世纪,商汤被周武王所灭,建立了周朝,起先建都于镐京(今陕西西安西南),分封诸侯,是为西周。这个时期农业比较发达,手工业也有一定发展。周幽王被杀后,公元前770年周平王迁都洛邑(今河南洛阳),是为东周。东周又分为春秋和战国两个时期,各诸侯国互相攻伐,最强大的有齐、楚、燕、韩、赵、魏、秦七国。公元前221年,秦灭了其他六国,一统天下。

秦吞诸雄
首称皇帝

解读

秦王嬴政在公元前221年统一中原,建立了第一个封建制国家,自称始皇帝,即秦始皇,建都咸阳。秦的疆域,东南到海,西到今甘肃、四川,西南到云南、广西,北到阴山,东北到辽东。秦朝推行郡县制,统一车轨的轨距,统一货币和文字,统一度量衡,修筑长城,实行中央集权。但秦始皇焚书坑儒,不得人心,并实行苛刑暴政,税敛加重,加速了农民和统治阶级的矛盾,只传到第二代,即在公元前209年,就发生了陈胜、吴广的农民起义,公元前207年为刘邦(即汉高祖)所灭。

从夏朝建立我国第一个朝代起,到秦朝的统一和覆灭,一共经历了1800多年。

两汉魏晋
隋唐宋元

解读

刘邦于公元前202年称帝，国号汉，建都长安（今陕西西安）。公元8年，外戚王莽代汉称帝，国号曰新，但不久就被爆发的农民起义所灭。刘姓的一个远亲刘秀重建汉朝（即光武帝），建都洛阳。在这之前的汉朝称作西汉或前汉，在这之后的汉朝称作东汉或后汉。汉朝的版图更为广大，东南到海，西到巴尔喀什湖、基尔干纳盆地、葱岭，西南到云南、广西以及越南北、中部，北到大漠，东北迤至朝鲜半岛北部，成为亚洲最富强繁荣的国家，声名远扬，至今有的国家还用"汉"代表中国。

汉朝末年出现了魏、蜀、吴三国鼎立局面，最后魏取得胜利。

公元220年，曹丕代汉称帝，国号魏。魏国的时间不长，只历46年，即被晋国灭亡了。

公元265年，司马炎代魏称帝，国号晋，即晋武帝，建都洛阳（即今河南洛阳），史称西晋。这个时候，北方黄河流域五个主要游牧民族（匈奴、鲜卑、羯、氐、羌）互相争夺，建立了16个国家，长达130年。公元317年，司马睿在南方重建晋朝，是为晋元帝，建都建康（今江苏南京），史称东晋。从东晋灭亡到隋朝统一的170年间，中国历史上又形成南北对峙的局面，史称南北朝。

公元581年，杨坚代北周（北朝中的一个朝代）称帝，国号隋，是为隋文帝，都城在大兴（今陕西西安）。隋朝只经历了两个皇帝，第二代炀帝被杀。公元618年隋亡。

隋朝由于农民大起义，政权迅速瓦解，太原太守李渊乘机起兵，攻克长安（今陕西西安）。公元618年李渊在关中称帝，国号唐，建都长安。唐代前期国势强盛，威震四方，至今欧美一些国家还有唐人街。7世纪后半叶极盛时，唐朝国土北边达今贝加尔湖和叶尼塞河上游，西北到达里海，东北到达日本海，后不断有所变动，"安史之乱"后丧失过半。唐末土地高度集中，政治腐败，农民起义不断，公元907年为后梁朱温所灭。从唐末混战到北宋建立之前，国家又陷入分裂状态，形成了一个五代十国时期，历经50余年，到北宋建立时才实现了统一。

公元960年，赵匡胤代后周称帝，国号宋，就是宋太祖，定都开封。公元1126年金兵攻入开封，史称此前为北宋。次年，赵构（宋高宗）在南京（今河南商丘）称帝，后建都临安（今浙江杭州），史称南宋。1279年南宋灭亡。

公元1206年，蒙古族领袖成吉思汗建立了蒙古汗国，并扩张其势力至黄河流域。公元1271年忽必烈定国号曰元，1279年灭南宋，统一了全国，建都大都（今北京）。1368年元代灭亡。历史上从成吉思汗起到元灭亡，都泛称元代。

明清民国
难逃覆辙

解读

　　元末农民起义，朱元璋率军攻入大都。公元1368年朱元璋（明太祖）称帝，推翻了元朝的统治，建都南京，国号曰明。1421年明成祖迁都北京。初年疆域东北曾抵日本海、鄂霍次克海、乌地河流域；西边在河套西拉木伦河一线；西北到新疆哈密；西南包括今西藏、云南；东南到海外诸岛。

　　1616年，女真族首领努尔哈赤建立后金政权。1636年，皇太极即皇帝位，改国号曰清。1644年世祖入关，定都北京，逐步统一全国。疆域西到今巴尔喀什湖、楚河及塔拉斯河流域、帕米尔高原；北到戈尔诺阿尔泰、萨彦岭；东北到外兴安岭、鄂霍次克海；东到海，包括台湾及其附属岛屿；南到南海诸岛；西南到广西、云南、西藏，包括拉达克。清代人口增至4亿，是当时亚洲东部最强大的封建国家。自鸦片战争以后，由于外敌入侵，国势逐步走弱，直至衰亡。

　　中华民国，简称民国。1911年10月10日，由孙中山领导的革命党人向湖北总督署进攻，这就是著名的武昌起义，因为这一年正值农历辛亥年，所以也叫辛亥革命。第二年，即1912年1月1日，革命党在南京建立了临时政府，公推孙中山为临时大总统，定名为中华民国。1919年10月孙中山将中华革命党改组为中国国民党。中华民国的建立，终结了长达两千多年的帝制，打破了封建王朝闭关自守的局面，是一个重大的进步。但是国民党后来由于政治腐败，贪污盛行，物价飞涨，民不聊生，遭到人民的反对，终至被中国共产党领导的政权取而代之。1949年建立了中华人民共和国，国民党蒋介石政权同年逃至台湾。

无产阶级
举旗登台

解读

　　一声霹雳震天响，共产党来了！新中国诞生了！五星红旗迎风飘扬，全国人民欢欣鼓舞，开始了一种崭新的生活。

　　中国共产党宣布了自己的党章、党纲，提出了自己的政策纲领，带给人民耳目一新的启示。

　　中国共产党是中国工人阶级的先锋队，同时是中国人民和中华民族的先锋队，是中国特色社会主义事业的领导核心，代表中国先进生产力的发展要求，代表中国先进文化的前进方向，代表中国最广大人民的根本利益。党的最高理想和最终目标是实现共产主义。

　　中国共产党以马克思列宁主义为指导，走中国人民自愿选择的适合中国国情的道路。马克思主义的基本原理是消灭资本主义剥削制度，推翻资产阶级对无产阶级的压迫。它尖锐地指出了资本主义的基本矛盾是生产的社会性和生产资料私人占有的矛盾，从而推断这个制度必然灭亡，而共产主义制度必然兴起，这就为资本主义敲响了丧钟。这是一个划时代的理论发现，而中国共产党的实践证明这个理论是完全正确的。

　　中国共产党高举红旗，登上中国的历史舞台。

　　中国共产党人以实现共产主义作为自己的最高理想和最终目标，但这只有在社会主义社会充分发展和高度发达的基础上才能实现。社会主义制度的发展和完善是一个长期的历史过程。现在我国处于社会主义初级阶段。中国共产党把坚持社会主义道路、坚持人民民主专政、坚持中国共产党的领导、坚持马克思列宁主义毛泽东思想作为四项基本原则和立国之本。中国共产党的基本理论和行动目标在全中国和全世界人民中起了振聋发聩的作用。无产阶级高举义旗，翻身得解放，建立了自己的政权，这是几千年来没有过的，它使中国摆脱贫困，万象更新。

忆昔颖睿
冲破蒙昧

解读

远古时代，人们过着蒙昧的生活。相传伏羲氏教人渔猎畜牧；神农氏教人耕作医药；燧人氏钻木取火，教人熟食；有巢氏教人建造房屋，有了定居。

这些创造发明，大概不是某一个人独立的行为，而是人们在日常生活中共同摸索到的经验。那个时代人们也没有名字，所以用伏羲氏、神农氏、燧人氏、有巢氏等名称来代替，既符合想象，也是合情合理的。

人们有了粮食吃，就不挨饿了；有了衣服穿，就不挨冻了；有了房子住，就可避免风吹雨打了；有了医药，就可以治病了。人们有了家庭，生活有了很大的改善，逐渐摆脱了蒙昧状态，不能不说是一个重大的进步。

相传仓颉造字，开始了文字记载。殷商时期的甲骨文（刻在龟甲兽骨上的文字）是迄今发现的我国最早的成系统的文字。现已发现的甲骨文单字约4500字，可识别的约2000字，大部分记载占卜的事，是我国汉字中最古老的文字体系。

农垦医疗
天象算术

解读

　　我国古代人民依靠自己的聪明才智，不断地发明创造，引领文化艺术的进步。从学科类别看，大体有以下几大成就。

　　一是农业耕作。几千年来，我国对时令、土壤、育种、灌溉、田间管理等方面都有深入的研究，有许多这方面的著作。如西汉氾胜之的《氾胜之书》、南北朝贾思勰的《齐民要术》、明朝徐光启的《农政全书》等都很有名。大约建成于公元3世纪的都江堰使成都平原成了"水旱从人"的沃土良田，至今仍发挥作用。

　　二是中医药技术。公元前5世纪扁鹊采用的切脉、望色、闻声、问病的诊法，一直沿用至今。最主要的医学著作如《黄帝内经》、东汉张仲景的《伤寒杂病论》、明代李时珍的《本草纲目》等，都是著名的中医药著作。中国的针灸、按摩技术现已在国外得到认可并传播。

　　三是天象。中国古代对天文学有很深的研究，到汉代就已形成了自己独特的天文和历法体系。东汉张衡制作的浑天仪，元代郭守敬制造的高表、简仪等，都有实际的应用。

　　四是在数学方面，也有许多开创性成就。如汉代出现的《周髀算经》《九章算术》，三国时期刘徽用创立的割圆术算出圆周率 $π=3.1416$，南北朝祖冲之把圆周率精确到小数点后7位数，北宋贾宪著《黄帝九章算法细草》，南宋秦九韶著《数书九章》，还有宋元时期出现的珠算技术，都被普遍应用，并传至国外。

　　还有三大技术，一是制造陶器，二是养蚕织造，三是建筑工艺，在国内外都有很大的影响。

剩余欠缺
乃有交易

解读

  人们的生活逐渐安定了，各人从事自己的操作劳动，譬如男耕女织等，逐渐有了剩余的物品，但也有欠缺不足，于是拿多余的物品到市场去交换自己需要的东西，沟通有无，有偿贩运，从而产生了原始的商品市场，即所谓的"日中为市"。开始的时候是以物易物，后来觉得这样做很不方便，慢慢地用一种为大家共同认可的固定的商品作为媒介，通过这种媒介开展各种交易活动。这种媒介，就是货币，它是充当一切商品的等价物的特殊商品。开始时用牲畜、兽皮、贝壳、布帛、金属等作为货币，后逐渐过渡到固定的贵金属金、银上。货币作为可以购买一切商品的一般等价物，而受到人们的迷信崇拜，有人称之为货币拜物教。

造纸印刷
磁针火药

解读

造纸术、印刷术、指南针、火药,号称中国古代四大发明,传播海内外。

造纸术。蔡伦,东汉时期桂阳人(今湖南郴州),曾受封龙亭侯,他发明了纸,所以这种纸也被称为蔡侯纸。他发明用树皮、麻头、破布、旧渔网等为原料造纸,改变了过去以竹简、缣帛作为书写材料的旧办法。因为竹简笨重,而缣帛很贵,所以蔡侯纸受到士人的欢迎,经报朝廷后很快在民间推广。

印刷术。毕昇,宋代人,首创活字版印刷术,即用活字排版印刷书本。据北宋沈括的《梦溪笔谈》记载:他采用在胶泥片上刻字,一字一印,用火烧硬后,便成活字。排版前先在铁板上涂上松脂蜡,加热,熔化,压平字面,泥字即固着在铁板上,可以像雕版一样印刷。这种活字排版印刷的方法,一直沿用到现代。

指南针是一种用以指示方位的仪器。我国早在战国时代就已有人用天然磁铁矿琢磨成指南针,称为"司南"。最早见诸于公元前3世纪的《韩非子·有度》一书。沈括的《梦溪笔谈》中已有关于用磁石磨成指南针的详细记载。当时欧洲还没有磁针的记载。这个办法的主要组成部分是一根可以转动的磁针。磁针在地磁作用下能保持在磁子午线平面内,利用这个性能,可以辨别方向。指南针在航海、旅行和行军中发挥了重要作用。

火药。早在一千多年前，我国古代炼丹家在炼丹过程中就发明了火药。火药的主要原料是木炭、硝石和硫黄，这几样东西按一定的比例配在一起就会引起爆炸。炼丹家起先是据以用来制造丹药治病的，可是丹药没有制成，却炼出了有爆炸性的火药。最早使用的是黑色火药，就是现在人们通称的"火药"。火药是武器发射的能源，故军事上亦称"发射药"。

我国文学、医药、耕种和科学技术方面的发明创造，相继传入世界各地，广泛传播了中国先进的文化和文明，受到世界各国的认可，这是中国对于世界文明的重大贡献。

百家争鸣
繁花似锦

解读

我国在周朝后期，诸侯独立，纷纷称霸，各自为政，春秋战国时期尤甚。针对社会的急剧变化，各学派激烈争辩，著书立说，阐述各自的思想和政治主张，从而在学术方面出现了百家争鸣的局面。

所谓"百家"是形容其多，并不是说正好一百家。其中最重要的有儒、道、墨、法、兵、杂等诸家，各家的主要人物周游历国，宣扬自己的主张，影响各国的文化、政治、经济和军事，以及各个国家之间的关系。

儒家代表人物为孔子（孔丘）、孟子（孟轲）、荀子（荀况）。他们的主要主张是仁、义、礼、智、信、忠、孝、慈、爱，延续至今，在国内外的影响极大。

道家的代表人物为老子（李耳，也称老聃）、庄子（庄周）。他们主张清静无为，回归自然，无为而无不为，在无为中有为，在国内外也有很大影响。

墨家的代表人物是墨子（墨翟），主张勤俭节约，兼爱节丧。

法家的代表人物是商鞅、韩非，主张依法治国，法律面前人人平等。

兵家主要代表人物是孙子（孙武）、吴子（吴起）、孙膑，在作战、用兵、谋略、地形等方面提出了不少独到的见解，受到国内外重视。

还有杂家。主要代表人物吕不韦，主编《吕氏春秋》一书，汇集了各家学说的要旨，加上自己的见解而自成一家。

几千年来，我国在文学艺术、琴棋书画、音乐歌舞、美食茶道、丝绸织锦、庭台宫阙等诸多方面都有独特的成就，作品精巧细腻，雄伟壮丽，光彩多姿，扣人心弦，早已蜚声海内外，为中外人士所共仰，真是百花齐放，花团锦簇，花香扑鼻，满园春色，无与伦比呀！

悠久历史
饱阅沧桑

解读

中华民族五千年的峥嵘岁月,显示了它光辉灿烂的历史,但是历史上也有纷乱衰弱的时候,国家号称统一,实际分崩离析。有所谓西周、东周,前汉、后汉,西晋、东晋,北宋、南宋等称呼,实际就是由于内乱外患,朝廷站不住脚,国都被迫迁移,甚至造成国破家亡的悲惨局面。

清朝末年国势衰颓尤甚,慈禧太后独揽政权,颟顸无能,以大国自居,实质贫穷落后,以至外敌入侵,割地赔款。在近代,日本侵略我国,长驱直入,长达十多年之久。在精神方面,外国人用鸦片等毒品来麻痹我们,使我国人民陷于昏愦憔悴、萎靡不振之中。他们又通过传教和所谓现代文明等方式来刺伤欺骗我们,当时的清王朝实际已是名存实亡了,人民可以说是饱经沧桑呀!

伟大复兴
中华崛起

解读

一唱雄鸡天下白。

从中国共产党成立到新中国诞生,直到现在,将近一个世纪的时间里,中国的面貌有了翻天覆地的改变。我们不仅在物质生产上,还在精神生活上、理论上、实践上,都开始了一个新的起点。我们已经从一个贫穷落后的国家重新振作起来,发展起来,多年的开发建设,我们的国力有了极大的增长,我们已经大步迈向世界强国之林。睡狮已经醒了,关键在于团结。历史的经验证明,团结则国家强,不团结则国家亡。中国一盘散沙的日子已经一去不复返了。在中国共产党的领导下,全国人民团结一致,一步一个脚印地奋发前进,中华崛起,伟大复兴,还我辉煌,这就是伟大的中国梦,是国家的梦,也是每一个中国人的梦,这个梦一定要实现,一定能够实现。

三、政　治

政者正也
指挥若定

解读

什么叫作政治？政治就是正确地治理、管理一个国家。人们通常把"政"和"治"两个字放在一起，就是这个意思吧！政治首先就是指挥国家的航向，制定正确的方针政策，对国家进行有效的治理，指挥若定。航向不端正，政策不正确，就治理不了，国家就要乱了。

怎样才能制定出正确的政策呢？当政者必须公正无私，就像孔子对季康子（春秋后期鲁国的执政者）说的："政者，正也。子帅以正，孰敢不正？"上梁正了下梁直，上梁不正下梁歪。方向对不对，政策好不好，全靠当政者是否公正无私。

公正，就是公道、正直、正派。政府制定政策不是为了一己或一党之私利，而是为了全国人民的公利，这是唯一的办法，再没有别的办法了。政府通过各种渠道，广泛征求民意，才能制定出正确的政策，这就叫作民主。但人民也有许多不同的意见，究竟选用哪一种意见好呢？就要采用民主集中制。古人说："择其善者而从之，其不善者而改之。"怎样知道这个意见对（善），那个意见不对（不善）呢？古人也有一句话叫作"举直错诸枉（推举正直的人，抑制做错事的人），则民服；举枉错诸直（推举做错事的人，抑制正直的人），则民不服"。老百姓服不服就看你用什么样的人，做什么样的事！充分发扬民主，老百姓都能服你，拥护你，就是最好的政治。

中央提出从严治党，要更加科学、严密、有效。党员严格要求自己，党风正了，政风才能正，政治方向和政策方针才能得到更好地贯彻执行，这是正确治理、管好国家的关键。

官员士庶
唇齿偎依

解读

官员士庶,就是指当官的、读书人和一般老百姓,实际就是指的领导和群众。

孟子说:"民为贵,社稷次之,君为轻。"这是一句传世名言。在两千多年以前,孟子说出这样的话,真是十分的超前呀!

群众就是黎民百姓。领袖是从群众中产生的,没有群众,哪来的领袖?领袖与群众的关系是唇齿相依、血肉相连、心心相印的关系。替群众、老百姓办事,领袖就有了一切,得到群众的支持拥护;不替群众办事,甚至欺压老百姓,领袖就丧失一切,成为光杆司令,还算什么领袖!

古人说:"君者,舟也;庶人者,水也。水则载舟,水则覆舟。"说得多么形象呀!水能载舟,也能覆舟,就看你怎么去驾驶啦!你把船驾到邪道上去,还有不倾覆的吗?顺民心则领袖存,逆民心则领袖亡,道理其实并不复杂。

社会主义
核心价值

解读

做人是为了什么？难道仅仅是为了吃饭吗？不是的，或者说不仅仅是，做人要懂得道理。中国历来主张要有明确的道德观、人生观、价值观。党中央对此十分重视，提出了社会主义核心价值观的明确概念，就是12个词，24个字："富强、民主、文明、和谐、自由、平等、公正、法治、爱国、敬业、诚信、友善"，充分体现了我们伟大中华民族的理想和追求。

社会主义核心价值观从三个层面体现了对国家、社会和公民必须遵守的价值目标、价值取向和价值标准的基本要求，勾画出了一个国家的价值内容、精神信念、伦理道德和社会风尚，使人们活得更充实，更潇洒，更有意义。

坚持社会主义核心价值观，人们有了道德，有了奋斗的目标，就有了凝聚力、战斗力，团结一致地实现伟大复兴的中国梦。

社会主义核心价值观是构成我们国家的瑰宝，民族的灵魂，已经被载入中华人民共和国的宪法中，全国人民必须遵守，国家领导人就职时都要面对宪法宣誓。

基本路线
改革开放

解读

《中国共产党章程》中明确指出,中国共产党在社会主义初级阶段的基本路线是:领导和团结全国各族人民,以经济建设为中心,坚持四项基本原则,坚持改革开放,自力更生,艰苦创业,为把我国建设成为富强民主文明和谐美丽的社会主义现代化强国而奋斗。党的基本路线是国家的生命线,人民的幸福线。

为什么必须坚持以经济建设为中心呢?因为只有经济上去了,国力才能增长,人民的生活才能得到改善,才能使我们国家立于强国之林,真正独立自主。坚持以经济建设为中心,其他工作都要服从和服务于这个中心。

坚持四项基本原则,就是坚持社会主义道路,坚持人民民主专政,坚持中国共产党领导,坚持马列主义、毛泽东思想。这是我们的立国之本。

改革开放是 20 世纪 70 年代末期邓小平同志提出来实施的,他被称为我们国家改革开放的总设计师。改革是指包括经济体制和政治体制在内的全面改革;开放则包括对内开放和对外开放两部分,一方面要加强国内多种形式的经济联系和协作,另一方面要开展国际经济的交流和合作。当今世界,任何一个国家关起门来搞封闭式的建设都是不可能的,我们国家要在长期经济落后的基础上建设社会主义强国,

必须坚持改革开放的方针,努力吸收世界文明成果,自力更生,艰苦创业。改革开放是我们的强国之路。

习近平同志在党的十九大报告中庄严地提出要建立人类命运共同体,就是中国将高举和平、发展、合作、共赢的旗帜,始终不渝地走和平发展的道路,积极推进全球伙伴关系建设,主动参与国际热点难点问题的政治解决进程。未来,中国共产党将以更加开放的眼光,与世界各国人民共同完成这项任务。这是一个伟大的创建。习近平同志提出的"一带一路"倡仪已成为有关各国实现共同发展的巨大合作平台,受到许多国家的赞赏和拥护。

高瞻远瞩
通盘筹措

解读

建设社会主义国家是一项宏伟壮丽的事业，我们的方向已定，方针明确，就要牢牢掌握既定方略，高瞻远瞩，朝着这个方向走下去，坚定不移。

但是方向、方针确定了，还要有许多实际的行动、措施，而国家大事千头万绪，哪个最重要，哪个次要，哪个要先办，哪个可以稍缓，都要有通盘考虑，全局观点，依次前进，统筹兼顾。一个阶段有一个阶段的任务，通盘筹措，才能建设有中国特色的社会主义。

有句话叫做"事在四方，要在中央"。中央是总揽全局、制定政策方向的。但是各地的具体情况不同，不能照搬，而要因时因地制宜。譬如中央一个政策，华东地区和西北地区执行起来就不能完全一样。一位中央领导人说：不根据当时当地的实际情况，盲目照搬中央的政策，实际就是不执行中央的政策。这句话分量很重，却也是很实在的。

选擢履职
只问俊贤

解读

治理国家，主要是看用人。用人的标准是什么呢？古人说：选贤与能，列德尚贤。用现代的话说，就是德才兼备，以德为先。看来从古至今用人都把德放在第一位，而把才放在第二位。有德无能，办不了事，不行；有才无德，则专办坏事，更不行。

选用人才，主要看他的表现，而不是看他的出身，人才是不能世袭的。墨子说："官无常贵，而民无终贱。有能则举之，无能则下之。举公义，辟（抛）私怨。"说得多好呀！当官的不作为，占着茅坑不拉屎，尸位素餐，就得让他下来。

史书上说：中牟地方县令出缺，晋平公征询赵武的意见，赵武推荐邢伯子。晋平公说："邢伯子不是与你有仇吗？"赵武说："私仇不入公门。"意思是你问的是谁适合当中牟县令，不是问谁跟谁有仇。晋平公又问："谁可以担任管内库的官？"赵武说："我的儿子可以。"晋平公说："你怎么推荐你的儿子呢？"赵武说："内举不避子。"意思是你问的是谁适合当管内库的官，不是问谁是谁的儿子。赵武所推荐的46个人，较长时期内都各就各位，各司其职，没有听说出过什么大事。看来赵武是一个知人善任的人。

怎么知道这个人有德有才呢？

你先任用一些你所知道的德才兼备的人，然后德才兼备的人又会去引用他所知道的德才兼备的人,这就能广揽人才了。孔子说:"举尔所知。尔所不知,人其舍诸?"举荐你所知道的俊贤的人,你不知道的俊贤人士,难道别人会埋没他们吗?这是顺理成章的事情。

党中央十分重视选擢干部的条件,坚持党管干部的原则。坚持德才兼备,以德为先;五湖四海,任人唯贤;事业为上,公道正派;看重实绩,群众公认;信念坚定,全心全意为人民服务;勤政务实,敢于担当;清正廉洁,洁身自好;正式任命,不徇私情。凡此等等,都是正确用人的必要之举,必须持之以恒。

峥嵘磅礴
团结奋斗

解读

中国几千年来,有兴有衰,峥嵘磅礴,饱经沧桑。看待一个国家、社会,要多看正能量,少看负能量,更不能攻其一点不及其余,这是一个重要的思想方法和认识途径。看正能量,就会同心同德,共襄大举;看负能量,就会离心离德,功败垂成。

建国非易,继承亦难。古今中外,一个国家,一个社会,一个伟大的领导人,总可能有失误。问题不是有错误或没有错误,而是犯了错误怎么办。是正视错误,改正错误,还是熟视无睹,放任不管,这才是关键问题。

多看一些我们国家这些年来的建设发展,国力的增长,人民生活的改善,人们的正能量就增加了,向心力就增加了,全国人民同心同德团结奋斗搞建设,我们的成就就会更大。难道有谁还会去想要上辈子那种国弱民穷,国家分崩离析,人民一盘散沙的那个中国吗?

多看正能量,并不是叫你不要看负面的东西,对负面的东西熟视无睹,任其泛滥,绝对不是的。解决的办法,一是自己不要去做负面的事情,二是对负面的事情要进行抵制纠正,绝不能同流合污,为虎作伥。我们要做的是兴利除弊,添砖加瓦,修桥补路,精益求精呀!

军队武警
抵御侵犯

解读

中国的军队全称叫中国人民解放军。1927年8月1日，中国共产党领导南昌起义，中国人民从此有了自己的革命军队。

中国人民解放军一开始就规定了统一的纪律，毛泽东亲自领导和制定了"三大纪律，八项注意"，以严肃军纪。"三大纪律"是：一切行动听指挥，不拿群众一针一线，一切缴获要归公；"八项注意"是：说话和气，买卖公平，借东西要还，损坏东西要赔，不打人骂人，不损坏庄稼，不调戏妇女，不虐待俘虏。从而使解放军真正成为一支人民的军队。平时不打仗，解放军就帮助人民做各种公益的事情，哪里有灾情，哪里就有解放军帮助救灾，解放军真正成为人民的子弟兵。

时至今日，中国的军队建设又站在了一个新的历史起点上。党中央对军队在理论和实践上提出了新的要求，指出必须全面贯彻新时代的强军思想、新形势下的军事战略方针，建设强大的现代化陆军、海军、空军、火箭军和战备支援部队，能打仗、打胜仗，提高军队的战斗力。

习近平同志在党的十九大报告中强调提出：我们要加强全民国防教育，巩固军政军民团结，实施富国和强军的统一，这个崭新的使命一定能够实现。

还有武警部队，也是保卫国家、保护人民生命财产的重要力量，他们为国家的安全作出了重要贡献。

解 读

打击贪腐
整饬党风

解读

　　打击贪腐,整饬党风,是党和政府的一项重要职责。近些年来,我们国家大力惩治贪污腐败,已有不少大大小小的贪官污吏落马,被绳之以法,深得人心。有些党员干部,特别是领导干部,对上级的指示,阳奉阴违,不认真执行,工作上有许多失误,遭到人民的不满,损害了党的威信。撕开这些贪官污吏腐化堕落的假面具,露出他们的真面目,既可憎,也很痛心呀!

　　随着我们国家国力的增长,人民生活的改善,社会上灯红酒绿、吃喝玩乐的风气也日甚。有些官员和商人不是在办公室里谈工作,而是到饭馆餐桌上谈。一些人为了满足一己之私欲,相互勾结,权钱交易,于是就做出违法乱纪的事情,给国家人民事业造成巨大损失。有些不法商人看到有些官员内心深处爱美女、爱钱财,就想方设法地去满足他们的私欲,向他们贡献美女、金钱,迷惑他们。看来这个办法还真有效,查办出的这些贪官污吏,十之八九都是贪财好色的。开始时还小打小闹,怕人看见,到后来就肆无忌惮,公然伸手了。喜欢女人,不能纳妾,就搞二奶、小三,结果东窗事发,身陷囹圄,悔之已晚。监察部门有鉴于此,认为对官员的考查要把好钱色关,这是很有针对性的。佛家有一句用语叫"道高一尺,魔高一丈",本意是告诫修行的人要警惕外界的诱惑,意思是你修行越高,就越可能受到干扰破坏而前功尽弃。后来比喻取得一定成就后遇到的障碍会更大。也称"魔高一尺，道高一丈"。正义终将战胜邪恶呀！

　　为了保证党和国家政策方针的正确实施，防止腐化堕落，中央成立了纪律检查委员会，各级地方政府也设置了相应的纪检机构专责其事。党中央十分重视纪检委的工作。习近平同志在十九届中央纪委第三次全会上的讲话总结了改革开放以来，在党中央坚强领导下，各级纪检监察机关坚持党的领导、从严管党治党，探索积累了宝贵经验。这就是，必须坚决维护党中央权威和集中统一领导，确保全党步调一致、行动统一；必须坚持治国必先治党、治党务必从严，确保党成为中国特色社会主义事业的中流砥柱；必须坚持以人民为中心，确保立党为公、执政为民；必须坚持改革创新、艰苦奋斗作风，确保党始终走在时代前列；必须坚决同消极腐败现象作斗争，确保党永葆清正廉洁的政治本色。习近平同志强调指出，我们在进行社会革命的同时不断进行自我革命，是我们党区别于其他政党最显著的标志。我们要始终不忘党的性质宗旨，勇于直面自身存在的问题，以刮骨疗毒的决心和意志消除一切损害党的先进性和纯洁性的因素，在党长期执政条件下实现自我净化、自我完善、自我革新、自我提高，使每一个官员都做到不敢腐、不能腐、不想腐。习近平同志的讲话对于整饬吏治、树立良好的党风、政风，是多么的重要呀！

浚渠挖潜
勤劳脱贫

解读

  一个国家,人民生活水平的提高是真正的提高。人民生活长期处在贫困之中,得不到提高,一切都无从谈起。总不能说国家很强大而老百姓很贫困呀!我们国家由于历史的原因,农村与城市的生活水平还是有较大的差距,西北地区和东南地区有较大的差距,中央提出脱贫致富,全面进入小康社会,实现"两个一百年"的奋斗目标,就是要尽量缩小这种差距。

  脱贫致富的关键是要浚渠挖潜,就是开源节流,疏浚河道,拓宽流通,挖掘潜力,使水能够顺畅流动,变死水为活水,为民所用。要善于运用多种自然资源,所谓"绿水青山就是金山银山",看你会不会开发啦!

  我们国家几十年来在发展农业生产,改善农村人口生活,支持西北地区发展等方面做了大量的工作,诸如取消农业税,减轻农民负担,提倡工业品下乡,出口转内销,普及义务教育,发展中小城镇,加强西北边远地区建设,等等,极大地改变了农村和大西北的面貌,缩小了城乡的差距。党的十九大提出要打赢脱困攻坚战,精准脱贫,精准扶贫,到2020年实现贫困县全部摘帽,一个也不能漏。层层落实,务必到位,这是一个重大的战略目标、一项极大的德政,也是一项艰巨的任务!全国人民正努力奋斗,这个目标一定能够实现。

在扶贫工作中要帮助贫困户树立劳动致富的思想，依靠自己的劳动，增加收入，改变自己的贫困面貌，而不是一味地躺在国家身上。所以说脱贫工作也是一项实实在在的教育工作。

遥慕近联
谊犹兄弟

解读

现在世界上共有200多个国家，每一个国家，从国体上看是单独存在的，实际上是互相依靠，互相支撑的。一个国家能够不依靠别的国家而独立存在吗？不可能。每个国家都有它的优势、强势，也有它的劣势、弱势，以优补劣，以强补弱，正是世界各国互相依存，共同繁荣的中心一环。从现实情况看，这种相互依存的趋势越来越重，而不是越来越淡。当一个国家遇到困难的时候，你要伸出援助之手，像援助自己的国家一样。你自己也可能遇到一些突发的困难，也希望得到别国的帮助呀！这种相互关心帮助是出于自觉的，是人道原则，而不是一种商业行为，更不能预先提出条件，这才是真正的良性互动。

"海内存知己，天涯若比邻。""四海之内皆兄弟也。"远慕近联，大家都是伙伴、兄弟、同志、朋友，建立人类命运共同体，天下之人还会不和睦吗？如果有人胆敢发动侵略战争，必将受到一致谴责，群起而攻之，你想侵略也侵略不成。

牢记使命
勿忘初衷

🌥 **解读** 🌥

  我们现在进行的建设社会主义伟大国家，是一项开创而又艰巨的宏伟事业，美丽的前景在召唤着我们，人们在辽阔的长征路上，要牢记使命，不忘初心。我们有许多同志宁愿放弃优越的生活，而到艰苦的地方去工作，自讨苦吃，以苦为乐，立定走向，不忘初心，不是一阵子，而是一辈子。

  例如有的大学生毕业后，不愿在大城市工作，而是选择到西藏、青海、甘肃、宁夏等条件比较艰苦的地方去工作，劳而无怨。有的人离开上海这样的大城市，到偏远的乡村去当一名小学教师，那里办学条件很差，工资待遇菲薄，但他们不计较这些，与那里的儿童和百姓建立起了深厚的感情，乐而忘返。有的基层邮递人员，身负沉重的货物、信件等，翻山越岭，吃喝住宿无定，为的是把背负的东西送到收件人手里，拳拳之心，唯天可表。还有一些科研技术人员，在实验室里，在试射现场，在辽阔海域，一干就是几年，十几年，几十年。有一些医务人员为穷乡僻壤的贫苦人群或异国他乡的贫民治病，不怕危险，含辛茹苦，谁能发现他们，认识他们呢？

  他们为什么能这样，就是因为有一颗不忘的初心。

  这些人是不是不想过优裕舒适的生活呀？绝不是的。他们也想过优裕的生活呀！但是他们创造新事物、创建新事业的愿望远远胜过了过舒适优裕生活的欲望。什么叫舍己为人、大公无私？他们就是一群舍己为公、公而忘私的人。

吃饭不忘种田人，喝水不忘掘井人，过好日子不要忘记那些艰苦创业的人。没有这些人，我们现在的日子一定不能过得那么好，事实就是这样。

我们在享受美好生活的同时，一定要不忘初心，牢记使命，艰苦卓绝，矢志不渝，向优秀模范人物学习，在建设伟大靓丽的文明世界中再立新功。

进新时代
筑富强梦

解读

习近平同志在党的十九大报告中提出,经过长期努力,中国特色社会主义进入了新时代,这是我国发展的新的历史方位。中国特色社会主义进入新时代,我国社会主要矛盾已经转化为人民日益增长的美好生活需要和不平衡不充分的发展之间的矛盾。这是关系全局的历史性变化,对党和国家工作提出了许多新任务、新要求。

习近平同志指出,从十九大到二十大,是"两个一百年"奋斗目标的历史交汇期。全面建成小康社会,实现第一个百年的奋斗目标。又要乘势而上,开启全面建设社会主义现代化国家的新征程,向第二个百年奋斗目标进军。

第一个阶段,从2020年到2035年,在全面建成小康社会的基础上再奋斗15年,基本实现社会主义现代化。到那时,我国的经济实力、科技实力、法治程度、文化程度、国家的文化软实力显著增强,人民生活更为宽裕,社会充满活力而又和谐有序,生态环境根本好转,美丽中国目标基本实现。

第二个阶段,从2035年到本世纪中叶,在基本实现现代化的基础上,再奋斗15年,把我国建成富强、民主、文明、和谐、美丽的社会主义现代化强国,全国人民将享有更加幸福安康的生活,中华民族将以更加昂扬的姿态屹立于世界民族之林。

概而言之，新时代基本实现社会主义现代化，就是经济建设、政治建设、文化建设、社会建设和生态文明建设"五位一体"达到基本实现现代化的目标。

进新时代，筑富强梦，这是伟大的时代赋予我们每一个人的伟大使命。

四、经　济

经济隆裕
柢固邦宁

解读

经济是什么？如果分开来说，经就是经营筹划，济就是扶持帮助。经济就是通过运筹策划，扶持人民，来治理国家。

人们通常将政治和思想意识等称为上层建筑，将生产、分配、交换、消费等活动叫做经济基础。上层建筑是依赖于经济基础建立起来的，经济基础决定上层建筑，而上层建筑又反作用于经济基础，什么样的经济基础就有什么样的上层建筑，经济基础改变了，上层建筑也随之改变。上层建筑一定要与经济基础相适应，否则就会引起矛盾，产生纠纷，甚至引发革命。经济活动实际上也是一种政治活动，我国古时候对经济的解释就是指的经世济民或经邦济国，即治理国家的意思。

马克思和恩格斯从辩证唯物主义和历史唯物主义的角度来研究社会经济问题，创立了剩余价值学说，揭示了资本主义剥削制度的实质，建立了无产阶级政治经济学,即马克思主义政治经济学,成为各国劳动人民摆脱贫困,实现民族解放的强大理论武器。经济上去了,物资丰富了,根深才能柢固,国家才能强大安宁。古今中外对经济问题都非常重视。一个国家强大隆裕与否,关键就在于经济建设如何,物阜才能邦宁,经济是一个国家立国的基础。

商埠鼎盛
市场充盈

解读

　　生产是为了供给人民更多更好的消费品。商品生产出来了，如果卖不出去，或者需要商品的地方商品进不来，这种生产还是白搭。商品生产出来了，卖出去了，才是有效生产。商业部门最大的功能就是促进商品的顺畅流通，调节有无，扩大供需，商埠鼎盛，购销两旺，市场充盈。所以商业活动就是经济活动，在生产和消费中是必不可少的。

　　生产和消费必须对口，国家的生产必须适应消费的需求，如果生产出来的东西不合需用，卖不出去，就是一堆废品，不仅是工厂的损失，也是国家的损失。过去国家实行计划经济，现在改为实行社会主义商品经济或市场经济，最近又强调实施供给侧结构性改革，就是压缩不必要的或者已经积压的商品生产，转到迫切需要的商品生产上去。进一步通过市场的管道，沟通生产和消费链，促使工厂生产更加有效、高质、适应市场需要的商品。我国在一些地方设立了经济开发区，给予一些特殊优惠政策，就是为了促进生产的发展和繁荣。

　　随着商品交流的扩大，商业的发达，必然带来交通的发达。凡是交通发达的地方必然经济发达，经济发达的地方必然交通发达，这是互为因果的。

外贸购销
买卖双赢

解读

在当前世界经济一体化的大前提下,一个国家不能单独生存,需要在国际上互通有无,这就需要开展国际贸易。

国际贸易总的概念是在国与国之间开展商品和劳务交换,它是在国际分工和商品交换基础上形成的。

国际贸易也有一定的法律要求需要遵循,基本原则是:尊重交易对应国家的主权;交易双方权益平等;忠实履行国际交易义务;和平解决国际交易中的争端。国际贸易的支付方式也有多种,一是交货前提前支付货款,二是交货付款,三是交单(合同单据)付款,四是专户记账,五是托收,六是信用证,此外还有分期付款、延期付款等。

国际金融是国际间商品交易产生的货币周转和运动。它包括国际收支、国际汇兑、国际结算、国际信用、国际投资等诸多方面。所谓国际金融市场,就是国际间的金融活动通过国际金融市场来进行的。按经营业务的性质又可分为外汇市场、黄金市场和国际信贷市场等。

开展国际贸易要求达到双赢或各方面共赢的目的,反对只为本国利益损害他国利益而实施的贸易保护主义,搞关税壁垒等惩罚性措施。

党的十九大报告中指出:我们要"坚持打开国门搞建设","走出去,引进来","发展更高层次的开放型经济","推动形成全面开放的新格局"。大力开展国际贸易实为我国应有之义,当务之急。在开展国际贸易中，我们要坚持公开、公平、公正，互惠、互利、互赢，保质、保量、保时的原则要求。尊重主权，恪守信用，着眼全球，勇于创新，发挥优势，加强服务，快捷便利，合理布局，防范风险，搞好结算，不断提高国际贸易市场的竞争力，在"一带一路"倡议指引下，使我国的国际贸易开展得越来越好。

改革开放以来，我们国家的国际贸易由少到多，由量到质，在国际贸易舞台上展现了巨大的力量。我们国家的国际贸易逐年上升，2017年全年货物进出口总额277923亿元。其中，进口124602亿元，出口153321亿元。国家采取有借有还、取之于民、用之于民的政策。此外，还通过国际贸易方式帮助贫弱国家建设交通、城市、农村、港口等设施，受到这些国家的欢迎。

财税稽征
轻敛薄赋

🌀 **解读** 🌀

国家的钱从哪里来？从老百姓那里来，主要是靠税收。国家财政预算，主要是对国民收入的再分配，预计能从老百姓那里征收多少，用出多少，切不能横征暴敛，竭泽而渔。国民党当政时期，国库空虚，只有四大家族富有，富者朱门酒肉臭，贫者无立锥之地，结果误国殃民，也误了他们自己，这种情况历史上屡见不鲜。两千多年前的中国大经济学家管子就说："取于民有度，用之有止，国虽小必安；取于民无度，用之不止，国虽大必危。"真可奉为圭臬呀！

国家实行轻赋薄税政策，才能减轻人民的负担，改善人民的生活，提高消费水平，增加购买力，进一步促进生产的发展。所以轻赋薄税看起来是国家从老百姓那里收的少了，实际是增加了人民的收入，支持了国家的生产，这两方面是相辅相成的。中国从2006年起开始免征农业税，减轻了农民的负担，极大地增强了农民的生产积极性，这对于促进农业生产发展起了很大的作用。

据收计出
堵塞漏洞

解读

国家财政政策的基本原则是坚持量入为出，据收计支，有多大财力办多大的事，没有这么大的财力就不要办这么大的事情。国家建设百废待兴，百业待举，恨不得一下子建成一个十分伟大富强的国家，这种愿望是好的，但是不能不顾国家财力，做力不从心的事，否则适得其反，欲速则不达；更不能狂征暴敛，伸手向人民要钱，损害人民的利益。要避免寅吃卯粮，拆东墙补西墙，搞门面工程，搞半拉子工程，损害公众利益和人民利益。可以发行国家公债或地方公债，但也不宜发得过多，以免以后还债困难。尤其不能为了应付建设需要，开动印钞机，大量发钞票，这必然引起通货膨胀，货币贬值，引发物价飞涨，民不聊生。要堵塞财政收入的漏洞，该收的要收，不该收的不收，做到依法收支，合理收支。

党的十九大提出，要加快建立现代财政制度。这是当前财政改革的重点。财政制度要做到权责清晰、财力协调、区域均衡的中央和地方财政关系。建立全面规范透明、标准科学、约束有力的预算制度，全面实施绩效管理。深化税收制度改革，健全地方税体系。近年国家对企业征税由营业税改为增值税，就是一项重要的改革。国家的财政政策要和货币政策、产业政策、区域经济等政策协调配合，共同发展，才能收到相应的效果。

金融血脉
渗透全局

解读

　　金融关系到国计民生，是国民经济的命脉或血脉，起到渗透全局的作用。金融是一种商业信用，中央银行被授权发行货币，并和其他各类银行和信用机构一样都可以从事发放贷款，吸收存款，开展汇兑、证券、股票、发行公债等各类业务，开辟资金渠道，活跃资金流通，看似不起眼，却有四两拨千斤的力量，对国计民生起到重大作用。

　　随着科学技术和社会生活的发展，现代金融活动的范畴比以前要宽广得多。一是所谓的无人管理，客户应用电讯网络，在手机上即可办理存取业务，不需要到银行去进行远距离操作，极大地方便了群众。二是期权交易，先交易，后付款，实际就是做的无本生意，扩大了投资贸易范围。还有无证交易，不需要现金，而用银行卡来代替，金融活动也越来越快速灵活了。

　　在金融机构买卖股票，可以一夜致富，也可以一夜输光，金融操纵着人的命运呀！一些金融资本家翻手为云，覆手为雨，垄断资金，操纵贸易，出现了许多金融寡头，制造金融危机，真正掌握了国家的命运，不仅影响本国，还影响全世界。商业信用锐减，大批金融机构破产，银行资金呆滞，有价证券行市低落，货币贬值，引发金融体系和金融制度的大混乱、大动荡。始作俑者的结果正好与他们的预期相反，要好些年才能透过气来，最终受害的是人民大众。

股券弄潮
促推投资

解读

发展生产需要资金的投入，就是投资。投资有国内投资和国际投资两种。国内投资就是对国内生产投入资金，国际投资就是在国际上投入资金。在当前国际交往日益频繁，国际需求十分紧密，全球经济一体化的新形势下，国际投资的趋势日益增长，竞争也十分激烈。我国随着国力的增长，资金的充裕，对外的投资也越来越多，对于帮助有关国家发展生产建设起了相应的作用，受到各国的赞赏。

老百姓手里有了钱，也需要投资，即所谓理财。这种投资方式也有多种，有直接投资，也有由银行、证券机构通过买卖股票、证券的方式进行投资，也就是股券弄潮，有一定的风险。现在有些金融机构专门帮助人们理财，促推投资，既支持了生产，也能增加投资收益，减少盲目性。

投资要有针对性、前瞻性，就是要看到资金投入后所发挥的能量。效果好就投资，效果不好就不能投资，以免投资以后收不回来，造成损失。有些项目，经过投入资金，从无到有，对国民经济、人民生活起到很大作用的，就需要投资。所以投资要有长远性，不能只看到眼前的局部利益，也就是放长线、钓大鱼吧！

国家允许民间集资和投资，即所谓民间信用，但是这种民间信用投资必须符合国家的政策，特别是利率政策，不允许通过民间信用搞投机欺骗活动，以保障人民群众的利益。

排壅降耗
稳定货币

解读

　　物价稳定，对人民的生活至关重要。物价上涨，人民负担加重，影响生活水平，是人民不愿意看到的。国民党统治时期，物价飞涨，早上买一斗米的钱到晚上只能买一匣火柴。金圆券满天飞，人们发了工资立刻去换银元，因为银元相对保值。人们生活苦不堪言，怨声载道，这样的政府不垮台才怪呢！但是物价也不能老是下跌，物价下跌，企业经营赚不到钱，谁还去做这种生意？而东西生产少了，物价就又要上涨了。所以一般说来，物价上涨的时候偏多，这也是正常的，但是不能上涨过多过快，要保持平稳；同时适当增加工资，人们的生活才不会受到太大影响，如果工资收入超过物价上涨的程度，人民的生活水平还能提高。这也是物价涨跌和工资调整的关系。

　　保持物价平稳的一个重要方法，就是要挖掘潜力，排壅降耗，节省开支。成本降低了，商品价格自然也随着下降，至少不会升得过高。现在商业部门很讲究包装，外表看起来很精美，实际装的东西并不很好，人们戏称这是买包装，不是买东西。一般的老百姓还是讲究实惠，包装过度奢华，名不副实了。

数字支付
迅速准确

解读

近些年来,随着我国经济实力的不断提升和居民消费的日益增长,支付手段也有了很大的改变。所谓"数字经济""数字货币""数字金融"等带有"数字"两个字的专业名词应运而生。什么是数字货币、数字经济呢?实际就是用电子支付来取代现金支付,以数字信号的处理代替纸质货币的流动,这极大地节省了纸质货币的使用,节约了成本,加速了流转,方便了群众,是现行支付手段的最高形式。

2017年,我国非现金支付业务已达1608.78亿笔,是十年前的10.4倍;金额3759.94万亿元,是十年前的6.3倍。参与主体从最初的发卡机构、收单机构、商户和转接清算机构,扩大到了互联网企业、通信运营商、手机厂商、科技信息公司等。支付方式从传统的银行卡支付全面转向移动端迁移、人脸识别、虹膜验证等生物识别技术的应用。作为新型货币形态的数字货币开始出现,支付形态未来将更为多样。

数字货币把一个人或一个单位的货币转移到另一个人或单位的手里,这是一种权益的转变,财产的转变,所有权的转变,所以必须极度牢靠稳妥,不能有丝毫差错。为此有关主管部门必须加强管理,严格防止信息泄露、资金被盗、违法诈骗等行为发生,保证支付的顺畅进行,达到快速、稳准、安全。

参加保险
遭殃获赔

🌀 解读 🌀

　　保险业是近现代一项十分通行的金融行业。保险的种类很多，如人寿险、财产险、平安险，等等。人们向保险机构投入一笔保险金，在遇到意外事故，人身伤害，或者自然灾害时，就能从保险机构获得一定的赔偿，从而减少保险人的损失。

　　人们通常有一种心态，认为我不会出什么事，我的身体很健康，因此不愿意投保。实际人们在日常生活中发生意外是常有的事，天有不测风云，人有朝夕祸福，不能掉以轻心呀！有些人家里或个人出了事，因为没有参加保险，遭到很大损失，后悔莫及。我们国家对保险事业也很重视，规定有些状况必须保险，例如坐飞机，必须交一定的保险金，等等。保险公司收了人们的投保金，要从事各种投资生利活动，否则它哪里来资金赔偿你，如果遇到大的灾情，如地震、火灾、水灾等，保险公司要付出大量的补偿金。随着现代化建设的日益发展，人们思想的解放，平安与风险并存，保险事业正方兴未艾。

节俭宽舒
淫泆沦亡

解读

节俭宽舒，淫泆沦亡，对于个人来说如此，对于国家来说尤其如此。这里要谈到一个藏富于民的问题。藏富于民是国家的一项重要经济政策。我国早就有开源节流的说法。《荀子》在《富国》篇中就说，要"节其流，开其源"，因为国家的支出很多，而收入有限，最有效的办法就是要广辟财源，疏通致富的渠道，节省开支，把钱用到最需要的地方去。

财富是控在国家手里好呢，还是放在老百姓手里好？历来的有识之士都主张藏富于民。《论语》上记载了孔子的一位学生有若对鲁哀公说的话："百姓足，君孰与不足？百姓不足，君孰与足？"荀子说："下贫则上贫，下富则上富。"管子说："野不积草，农事先也；府不积货，藏于民也。"都是说要藏富于民。战国时期有一位叫薄疑的人讽刺赵简主说："君之国中饱"，意思是说你的国家很富有呀！赵简主听了很高兴，以为薄疑是在夸赞他的国家富裕。薄疑接着说："府库空虚于上，百姓贫饿于下，然而奸吏富矣。"你们的国家国库空虚，百姓贫困，只有那些贪官污吏才富裕。这位先生很有阶级观念。富也要有根基，对于一个国家来说，群众就是根基，群众富了，生活就牢靠了，国家就安定了。人民穷得叮当响，没有饭吃，与其饿死，还不如起来造反，许多朝代的更迭，几乎同出一辙。节俭宽舒，淫泆沦亡，前车之鉴，何其多也，不可不警惕。

居安思危
集储援歉

🌀 **解读** 🌀

古书上说:"居安思危。思则有备,有备无患,敢以此规。"意思就是说在安定的环境下要想到可能出现的危难。老子说:"祸兮福之所倚,福兮祸之所伏。"天有不测风云,人有朝夕祸福,自然界和社会上有许多不确定因素,不以人的意志为转移,预作准备,丰年时多储一些,便可以防止歉收年份的危难,减少损失。不然,临渴掘井,亡羊补牢,就已晚了,所以说要未雨绸缪呀!

有一种人,今日有酒今日醉,过了今天不想到明天,得过且过,遇到困难,束手无策,危害大矣。要提倡居安思危,早作准备,积谷防饥,积储防疏,个人如此,治国尤其如此。

丝绸引带
雨露滋润

解读

丝绸之路是一条国际贸易通道，早在两千多年前的汉代就已经开启，发挥了重要的作用。唐朝贞观时期丝绸之路更是一条国际商贸兴旺之路。近年中国国家主席习近平又提出了新的丝绸之路，规划出了"一带一路"的清新蓝图，既承接了古丝绸之路的轨迹，又赋予了新的内涵，还倡议设立了亚洲基础设施投资银行，为各国融通资金服务。

当今是世界经济一体化的时代，每个国家不能独自生存，必须广拓渠道，互通有无，发展国际贸易，制订合理的价格交易规范，优势互补，以达到互利共赢，这条新的丝绸之路正是为了达到这个目的而设计的。

新的丝绸之路，着力打造中国—中亚—西亚、新亚欧大陆桥、中蒙俄三大经济走廊，坚持"引进来、走出去"并重，遵循共商共建共享原则，加强创新能力，合作互动，形成陆海内外联动，东西双向互济的开放格局。加强基础设施建设，在交通、能源、金融、民生等领域互利合作。这项政策因其泽被面广，世界各国人民都蒙受其利，所以受到世界各国的广泛拥护，积极参与。

新的丝绸之路开启运用之日，就是世界各国经济共同发展之时，雨露滋润，它在世界各地焕发出了绚丽异彩。

五、法　治

宪法权威
管治重器

解读

　　制宪定法是当今世界各国的共同命题。"法"是什么？"法"就是一种准绳，一种规矩，一种行为的轨迹。我国早期的法学家如战国时期的申不害、商鞅、李斯、韩非等都有关于法学方面的著述。《管子·七法》说："尺寸也，绳墨也，规矩也，衡石也，斗斛也，角量也，谓之法。"把这种准绳、规矩条例化、律令化，就成为法律。

　　什么叫做法治？法治就是按照规定的法律条文，由国家强制执行的一种治国方针。我国战国时期的一些法学家大力提倡，并由韩非集法家学说之大成，形成了一套系统的法治理论，明确提出"以法治国""以法为本"的主张，把"以法"提到治理国家的高度。在西方，古希腊哲学家亚里士多德在《政治学》一书中就提出了法治强于人治的观念，指出法律包含两种意义，一是法律获得普遍认从，二是法律本身完备良好，便于执行。

经过整理而系统化了的法律文件叫做法典。公元前18世纪古巴比伦王国的《汉谟拉比》法典是迄今保存良好的第一部法典。我国历史上第一部比较完整的法典是公元前407年左右战国时期的李悝编纂的《法经》。

法律又有民法和刑法两种：民法是解决民事纠纷的，刑法则是惩治罪犯的。

宪法是国家的根本大法，具有最高的法律权威性，是制定其他法律的依据。宪法通常规定一个国家的社会制度、国家制度、国家机构和公民的基本权利与义务等。我们国家现在有些地方因为历史原因政府还没有管辖到，有些地方因为特殊原因实行一国两制，但这都是一国之内的事情，这些地方属于中国，是宪法规定的，不得违反，违反就是违法。有的人因不懂得法律而违法，有的人明知故犯，别有企图，做出违法的事，都必须在法律规范内处理。

遵宪守法不仅是每个人的责任、义务，也是每个人应享有的权利。

遵纪守则
维护秩序

解读

既然法律是国家制定的,是需要全体人民共同执行的,所以制定法律必须充分体现人民的意志,公正透明,没有什么好保密的。国家在制定法律之前要广泛听取人民群众的意见,维护国家和人民群众的切身利益,人人参与到制定法律中去,使法律更具有群众性、合理性和可行性。法律公布之后,要向人民群众作充分的宣传解说,使之家喻户晓,否则怎么能让人执行呢!有的人就是因为不懂法律而做出违法乱纪的事,所以宣传法律非常重要。

制定法律既不能过宽,也不能过严。过宽了,人们过于单独自由行动,就可能影响到别人的自由;过严了,人们动辄得咎,处处受到束缚,反而影响执行。所以制定法律是一项非常严肃细致的事情。

法律规定的权利叫做法权,不懂得法律而触犯法律的叫做法盲,中国的法盲知多少呀!只有大家都遵纪守则,才能维持好秩序,否则就要乱套了。

在旧中国,有所谓治外法权。就是外来国家的人在宗主国犯了罪不得按宗主国的法律处理,要按外来国家的法律处理,使许多犯罪者逃之夭夭,逍遥法外,而宗主国的人如果犯了罪却要按外来国家的法律处理。这种颠倒黑白、混淆是非的情况，压迫中国人民上百年。现在中国独立自主了，我们有自己的法律了，每一个中国公民都要善于运用法律给予的权利保护自己。

令行禁止
鄙视特殊

解读

一个命令下来，大家都要遵守执行；一个禁令下来，大家都要停止。这就叫做令行禁止。

法律面前人人平等，没有特殊，这是实行法治的一条基本原则。中国过去在法律面前有两种不同的对待，一是"刑不上大夫"，刑罚上不到大官那里，就是说大官犯了罪有豁免权；二是一人犯法，诛连九族，满门抄斩。"刑不上大夫"，必然形成官官相护，互相包庇，人民不服，必然造成骚乱。而罪灭九族，则人人自危，谁还愿意为国家出力？只有不作为。这样的例子太多了，不胜枚举。

韩非早就提出"法不阿贵"，就是法律不屈从权贵，这是一句金玉良言。

中华人民共和国成立以后，一扫这种歪风邪气，人犯了法不管是谁，都要严肃处理。中华人民共和国成立初期，天津两名贪污分子刘青山、张子善，尽管他们在革命斗争中立过功劳，也绝不容忍，很快就绳之以法，老百姓都拍手称快。近期严惩贪官污吏，铁面无私，令人欣慰。

管子说："禁胜于身，则令行于民矣。"意思就是王子犯法，与庶民同罪，君王自己犯了罪也同样处理，法律就能在全国推行无阻了。

疏密尊卑
同等看待

解读

　　法律对所有的人一视同仁，不能偏袒。和你疏远的人或者地位低下的人，和你亲近的人或者地位高的人，一律对待，不能因人而异，否则就是徇私。决不能包庇放纵犯罪的人，哪怕是最亲近的人，否则不仅对犯罪者无益，而且自己也是犯了法。古人有所谓"大义灭亲"之说，亲人犯罪，你要劝他投案自首，不能包庇，不能一错再错，自绝于人呀！

　　战国时期有一个墨学大师叫腹䵍的，住在秦国，他的儿子杀了人。秦惠王考虑到腹䵍年迈，又没有别的子嗣，很同情他，就叫司法部门的人免他儿子一死。腹䵍说：这不好，墨家认为杀人者死，伤人者刑，这是为了禁止杀人、伤人，这是天下之大义，我的儿子杀了人，该诛的就诛，不能搞特殊，于是他的儿子就被杀了。这位腹䵍大义灭亲，秉公忘私，是亲疏尊卑同等对待的一个突出例子。

扫黑除恶
里巷恬谧

解读

《汉书·文帝纪》中说:"方内安宁",意思就是国家安定安宁。哪一个人不希望自己的国家安定安宁呢?

怎样使国家安宁?历来有两种不同的治国方针,一是以德治国,二是以法治国。儒家主张以德治国,法家主张以法治国,二者看似对立,其实是并不矛盾的。

以德治国,就是以德行来治理国家,实际就是一种品德教育、思想教育;以法治国则是一种行为规范,监督管理。以德教育还需要以法规范呀,这是二而一、一而二的事情。

中共中央、国务院最近发出通知,决定开展扫黑除恶专项斗争,提出深挖黑恶势力"保护伞",把扫黑除恶与反腐斗争结合起来,使人民得到一种安全感,做到里巷恬谧。这是德治和法治并重的一个有力体现。

国家推行德治,制定法律,维护秩序,保障人民生活的安定团结,这是第一要义。从根本上说,大家都希望德行天下,社会安宁,人们遵纪守法,违法的事越来越少越好,这是德治法治的共同要求。所以孔子说:"听讼,吾犹人也,必也使无讼乎!"犯了法,依法惩治,固然需要,但是我们要的是大家都遵纪守法,不犯法。不是大家都到法院里去告状,法院门庭若市就好,而是法院里门可罗雀、无案可审才好。等到有一天，路不拾遗，夜不闭户，还要法院干什么。德治好了，法治也好了。社会上的人都敦睦通顺，和睦共处，犯罪的人就少了。充分发挥德治的功能，刑罚就只是起到一种辅助的作用。

区别益损
奖罚咸宜

解读

孟子认为人性本善，荀子认为人性本恶。究竟人的本性是善还是恶，姑且不论，但人确实是有善有恶的，这谁也不能否认。人们做事，也总有功有过，有益有损。怎样对待善恶功过，也是法治社会的一项重要课题。

首先要弄清楚这个人是否真的善或者真的恶；真的立了功，还是假的立了功；真的犯了罪，还是并没有犯罪。经过核实以后，区别造成的损益，该赏的就要赏，该罚的就要罚，该重赏的重赏，该轻赏的轻赏，该重罚的重罚，该轻罚的轻罚，做到有赏有罚，赏罚分明，这在国家的有关条例和法律条文中都有明确的规定，切不能该赏的不赏，该罚的不罚，赏罚不分，功过不明，这对于一个领导人来说尤其重要。

相传项羽就有赏罚不明的毛病，他对一些该奖的人，犹豫不定，奖品已经准备好了，却迟迟不愿意发出去。司马迁认为这是他事业失败的一个重要原因。项羽优柔寡断，不能善于用人，失掉了人心，功过善恶是非不分，谁还跟你卖命，怎么能调动起人们的积极性呢？其失败也是必然的了。

防微杜渐
弭患未遂

解读

防微杜渐就是在错误或罪行发生之前就加以防范和制止，使错误或犯罪行为不能发生。这是一项极其重要而又十分艰巨的工作。因为你怎么知道这个人要犯罪了呀？要犯什么罪呀？防不胜防呀！当然，不是说所有的犯罪都可以在事前预防制止，而是说要造成一种社会和谐、和衷共济的良好风气，使人人都知道犯罪可耻，犯罪的严重性，自觉地遵纪守法，不做触犯法律的事情，应该说这还是可以做得到的，这也是德法兼治的一个重要内容。

社会上犯罪的诱因非常多，不胜枚举。有一些人天性凶悍，无法无天，屡教不改，危害极大，自然应该予以严惩。但也有一些罪犯并非如此，很多是偶然的，例如有的受到一点委屈，心中不平，总想报复，一气之下，不顾一切，犯了大罪；有的是由于自己认识不清，为一己之私利犯了罪；有的是法律没有明确规定，被人钻了空子犯了罪；等等。这些人犯罪后多数会非常后悔，很快向被害人赔礼道歉承认错误。这类犯罪恐怕还不少，毕竟有谁愿意去自投罗网，自愿跑到监牢里去呢！

中国古时候的法学家往往注重重判，认为只有重判才能有威慑作用，使人不敢重犯。其实不一定如此，有的罪犯认为不管自己罪轻罪重都要判死刑，就会不顾一切地去犯罪，致使许多人死于非命。

相比起来，现在的法律基于人道主义原则，根据犯罪的性质和认罪的态度，适当量刑，不轻易判处死刑，目的在于给罪犯留下一条后路，释放后改过自新，重新做人，也为他的家人留一点活路。罪犯在监狱里接受改造，认真学习，参加劳动，有许多改造好了的，出狱后洗心革面，为社会做好事，既挽救了这个人，又对社会的和谐稳定有好处。

公检监察
恪负厥责

解读

司法部门指的是公安机关、法院、检察院等专业的职能部门，这些部门主要是按照诉讼程序，在法律规范内处理案件，独立行使职权，不受行政的干预。主要原因是为了使司法审判公正、公平，不受其他外来因素的影响，这是现在世界各国通行的做法，也是以法治国的一个重要标志。

既然司法部门独立行使职权，就要责无旁贷，肩负起这个使命来。公安部门负责当地的社会治安，就要采取措施，预防发生事故，而一旦发生了事故，就要进行追查，责任非常重大。检察部门则行使检察、提起公诉、批准逮捕等职能。只有经过检察部门的批准才能逮捕一个人，否则只能拘留，而不能拘捕，这是出于人权的考量。

经过检察部门提出公诉后，法院才能开庭审理，这是司法部门的最后一道程序。因此说司法部门的工作是十分严谨而又十分艰巨的。

公安部门为了追查一个在逃的罪犯，要对案情进行慎密的分析，深入调查，有时案情非常复杂，要跑很多路，花很多钱，在追查过程中甚至有受伤、牺牲生命等危险。而检察院和法院部门则对每一个案件都要作十分认真仔细的分析，才能确定其是否有罪。务必杜绝人情关系等外来因素，干扰司法审判，这也是一项非常严肃认真的工作。

我们能够在日常生活中安全和平地生活，公安、司法、检察等部门做了大量的工作，他们是我国人民安全的保护伞，受到人们的尊敬。

上访申诉
恳率接洽

解读

　　人民群众因自身的问题，或不服上级的判决或处理，而到上级机关去反映情况并要求解决，这叫作上访。人民有上访的权利，上级机关要热情恳切接待，听取上访者的意见，不得推委或置之不理。中央最近提出，官员对信访态度恶劣的要追责。

　　人民群众一般都是因为问题较大，对相关法院处理不服，才进行上访的，有的一级一级上访了好几回，走了很多路，花了很多钱，吃了许多苦。政府对这些情况不能熟视无睹，而应耐心了解，听取意见，尽量想办法解决。也有上访人由于个人私利，无理取闹的，则要秉公处理，有理有节，不能草率行事。要使人民群众的不满、困难得到切实的理解和解决，才能消除怨气，解决问题。这是一项十分细致且政策性很强的工作，务必做深做细，不留尾巴。

听讼凭证
允许辩白

解读

　　法院处理案件注重证据,不能仅听一面之词,有说无凭,难以判决。

　　法院在开庭审判时,除了涉及个人隐私或国家机密外,都可以实行公开审判,请犯人家属或有关人士以及媒体等参加旁听,犯人可以申诉情况,供法官审核。

　　法庭审判是为了挽救一个人,所以在审讯罪犯时也要尊重罪犯的人格,不能带有侮辱性。我国近年来规定犯人在定罪前只称嫌疑人,不称罪犯,不穿监牢的号服,就是出于这个考量。绝对不能搞逼、供、信,一旦发现,就要对相关人员问责。如在审判中查实不是属于犯罪行为的要作无罪处理,立即释放。

　　原告和被告都可以聘请律师为自己辩护,法院要听取不同意见,以便更加公正合理地处理案件。罪犯如果自己不聘请律师,法院还可以代他聘请,目的是为了依照法律,量情定罪。

　　律师是一项崇高的职业,应该坚持正义,秉公辩护,不能照看人情关系,更不能唯利是图,钱多多辩,钱少少辩。犯人如果不服判决,可以提起上诉,但最高法院终审判决定案后就不能再上诉了。

先期协调
酌限庭讯

解读

民间发生了一些纠纷，不一定都上法院，可以进行调解，平和解决。一些街道社区等有关部门都进行这项工作，这是一项很有意义、很有价值的工作。

冤家宜解不宜结。发生了纠纷，大家坐在一起，有调解人进行斡旋解释，有些原来思想不通的人也许思想开通了，有些问题迎刃而解，这有什么不好呢！难道非要打到法庭上去才过瘾吗？毕竟诉讼是一件不得已的事情，谁愿意碰到一点事就上法院？庭外调解，既省事，又省钱，何乐而不为。

常常看到电视上报道这一类事情，纠纷双方本来很对立，你说你的，我说我的，公说公有理，婆说婆有理，各不相让。但是调解员苦口婆心，说服开导，有时在一起说，有时分开谈，真可谓是磨破了嘴皮。一次谈不拢，下次再谈，这些调解人员费尽心力，进行劝解，把大事化小，小事化了，使原来的尖锐对立化为和衷共济，真是功德无量呀！

严绝逼供
误判必纠

解读

在司法审判中，有时候由于种种原因发生错判误判，造成被判人无端坐牢，甚至送命，真是天大的冤枉。发生这种情况大多是由于调查不实，或者搞逼、供、信造成的，被判者有理说不清，似是而非，似非而是，糊涂官判糊涂案，还有什么公正可言！

报载这一类事情，在我国也曾多次发生。对于情况比较复杂，事出有因，查无实据的，司法部门要谨慎调查取证，才能定案。错判的要立即纠正，严禁逼、供、信。对被错判的本人和家属赔礼道歉，恢复名誉，作出适当的赔偿，并要妥善安排被错判人的工作，在精神上和物质上补偿被错判人的损失。有些损失已经是无法补偿的了，这是司法人员的严重失责，必须接受沉痛的教训。对于玩忽职守，情节严重的，要查明核实，以法量罪，不能姑息迁就，公民的权利必须得到保障，不能侵犯呀！

六、科 技

科技奉献
遍惠客户

解读

马克思首次把科学技术纳入生产力的范畴，明确指出"生产力中也包括科学"。

邓小平同志指出，科学技术是第一生产力。现代科学技术处于相对独立的地位，科学技术是解决经济建设问题的根本出路，哪一个国家的科学技术发展了，它的生产力就上去了，国力增长了；哪一个国家的科学技术停滞落后，生产力就上不去，国力就会衰微。我们中国过去曾经有许多重大发明，如指南针、火药、造纸、活字印刷等，影响全世界，但当权者认为这是雕虫小技，不予重视，没有给予鼓励和支持，这对科学技术的发展造成了极大的不利影响。中华人民共和国成立后，我们已经充分认识到了科学技术的重要作用，一些先知者提出科学救国、科教兴国的指导思想，在全国形成共识，不断地推动科学技术的发展壮大，国力有了很大的增长，真是万紫千红、光彩夺目呀！

  现代科学技术日新月异，几乎天天有变化，有改进，有新贡献，传播世界，惠及人类，真是科学技术士别三日，刮目相看。现代科学技术，诸如手机、电脑、人工智能等，已经广为传播，深入人心，遍及家家户户。没有一个人不在运用现代科学技术，而且它的发展正方兴未艾，没有止境，给人类社会提供无限的方便和快捷。

紧抓前沿
荟萃英才

解读

现代科技特指现代自然科学技术。但是科学作为生产力只是一种潜在的生产力，只有人类在实际应用时它才发挥作用，是人主导科学，而不是科学主导人，所以说要以人为本，发挥人对科学的主导作用。

现代科学技术需要有较高理论修养和深刻社会实践的人来进行，绝不是轻而易举的。必须广泛荟萃有关这方面的科学技术研究人才，把他们组织起来，进行科学研究，充分发挥他们的聪明才智，才能做出成绩来。中华人民共和国成立以后在这方面做了许多工作，吸引和培养出了许多科学家、科学工作者和学科精英，为祖国的科学技术服务作出了卓越的成绩。有许多旅居国外的科学家、专家、学者，甘愿放弃外国的优厚待遇，冒着很大的风险，披荆斩棘，投入祖国的怀抱，从事科学研究工作，紧抓前沿学科，使我国的科学事业有了飞速的发展，他们是我们国家现代科学的开拓者和奠基者。许许多多的科学工作者、科学精英都是我们国家的宝贵财富，受到人们的广泛尊敬和爱戴。

现代科学技术是世界性的，既可以单独研究，又可以发挥集体的力量研究。许多科研成果是累积了几代人的心血或者几个国家科学家的相互配合、持续努力才获得的。有些诺贝尔奖就是由好几个国家的科学家共同分享。在科学研究中要打破壁垒森严、封闭保守、以邻为壑、各自为政的陈腐观念。不能利用现代科学技术做损人利己的事情，更不能以科技要挟为武器，妄图以此称霸天下，而是要敞开胸怀，建立起一种"大科学"观点，各国相互合作，互通信息，成果共享，这样科学的发展才会更快些。说到底，科学发展是为了同铸和平，提高大家的物质生活和精神生活水平，舍此没有别的意义。

着眼创建
勇攀顶峰

解读

科学技术现代化，首先要思想现代化，即要有开拓创新的思想。要着眼创新，不能因循守旧。过去不敢想象的，现在要敢于想象；过去没有的，现在要有；外国有的，我们要有；外国没有的，我们也要有；现在没有的，将来要有。科学技术是没有国界的。有了开拓创新和创建思想，才能有现代的科学技术。你连想都不敢想，怎么能有所创新呢？

现代科学技术不是一朝一夕、一蹴而就，而是有一个逐步发展，由渐变、量变而突变、质变的进展过程。现代科学技术是在传统科学技术的基础上发展、分阶段形成的。

近现代世界上有三次科技革命，也称新技术革命。

第一次科技革命发生在18世纪中叶至19世纪中叶，以纺织机的改革为起点，蒸汽机的发明与使用为标志，从而导致了第一次工业革命，即技术革命、产业革命。那个时代被称为"蒸汽时代"。

第二次科技革命发生在19世纪下半叶至20世纪初，以电机的发明为起点，以电力的广泛应用为标志，例如发明了发电机和电动机、电站、电灯、电话、无线电技术等，因而被称之为"电气时代"。

第三次科技革命是从20世纪中叶开始的，即现代的高科技。现代高科技的门类很多，科学家们把它们大体分为以下几类，即信息技术、材料技术、能源技术、空间技术、生物技术、海洋技术等几个方面。人们对宇宙、地球、生命的起源和演化、物质的微观结构、原子能和计算机应用技术等基本问题的探索达到了一个新的高度，取得了一系列重大突破。进入 21 世纪，这些方面的进步更加快速。

当今，以数字科技、现代机器人、智能制造为主导的崭新科学技术的发展，正紧锣密鼓地展开，呈星火燎原之势。第四次科技（工业）革命已成为一种推动力，把人们带入了人工智能的新时代。

应该说，这些方面的科学技术都是密切相连，息息相关，你中有我，我中有你，不是某一学科单独发展能够奏效的。我们要瞄准现代科学技术的最前沿，目标明确，勇攀高峰，以至顶峰，大胆假设，认真求证，允许失败，闯关突破，屹立于世界科学技术先进国家之列。

信息网络
便捷操控

解读

　　信息技术，也称通信技术，是有关信息的产生、发送、传递、接受、交换、识别、处理及控制等应用技术的总称。一般包括电子工程、计算机软硬件、网络、通信、自动控制及信息服务等领域，使用起来非常便捷。

　　一是计算机技术。包括超级计算机、数据库、机器人和人工智能、网络、新型计算机等。现在通行的所谓"机器人"，就是一种自动机械，通过计算机操作，显示出一定的人类智慧，代替人做某些事情。

　　二是微电子技术。对微小型电子元器件和电路的研制、生产以及系统集成的技术，是现代信息技术的基础。集成电路的原材料主要是硅，目前世界上95%以上的半导体器件是由硅制成的，所以各国对硅特别看重。

　　三是通信技术。包括数据通信、光纤通信、卫星通信、移动通信等多种。人们只要有一台袖珍式电脑，就可以与世界上任何地方的人通信、视频、说话。现代智能手机就能发挥这种作用，有人称之为"全球通"。

　　四是网络技术。互联网能将语音、图像、文本、数据、传真、电子邮件等多种信息，从信息源传到千家万户，甚至用于控制机器进行生产。流行的 E-mail，就是指的电子邮件。所谓"黑客"，就是指通过互联网非法侵入他人的计算机系统查看、更改、窃取保密数据或干扰计算机程序等行为，受到人们的谴责。

材料多型
按需摄取

解读

材料是指能够直接用以制造各种产品的物质。材料科学技术类型多样，结构缜密，应用广泛，按需摄取，随着人类支配自然的能力而不断改进发展提高。

一是金属材料。包括黑色金属材料和有色金属材料两大类。前者主要是指铁、锰、铬及其合金。后者主要分为重金属，如锌、铜、镍、锡、铅等；轻金属，如镁、钠、钙、铝等；还有贵重的有色金属，如金、银、铂等；稀有金属通常是指那些在自然界中含量少、分布稀散或难以从原料中提取的金属，如钨、钼、锆、钛等。

二是无机非金属材料。主要有陶瓷、玻璃、水泥、耐火材料等。

三是高分子材料。主要是由碳、氢、氧、硅、硫等元素组成的分子量足够高的有机化合物。如塑料、合成橡胶、合成纤维等，被广泛应用于人们的日常生活中。

四是先进复合材料，或称新型复合材料。通过一定的工艺把两种或多种材料复合起来，就成为复合材料，不仅应用于航天航空领域，而且广泛运用于现代工业、能源技术和信息技术各方面。主要有玻璃钢、碳纤维复合材料等。

五是信息材料。就是与信息、传输、存储、显示处理和运算有关的材料，如半导体材料、信息记录材料、信息传输材料等。

六是新能源材料。在开发新能源或节约能源技术中应用的一些特殊新材料。如光电转换材料，主要用于制作太阳能电池；高温超导材料，具有输电损耗少、制成器件体积小、重量轻、效率高等特点；高温结构陶瓷等。

七是纳米材料。指晶粒尺寸为纳米级的超细材料。主要用在陶瓷、微电子、生物工程、光电、化工、医学及分子组装领域等方面，例如现已广泛使用的心脏搭桥、支架、外科微创手术等。

能源转换
奇幻演绎

解读

能源是自然界中能为人类提供某种形式能量的物质资源，或者说能源是物质中可以相互转换的能量源泉。

新能源技术主要包括太阳能及相关的化工资源。

一是太阳能。指太阳以光形式发射的能量。实际应用于热水器、开水器、干燥器、采暖和制冷、太阳蒸馏器、海水淡化装置、水泵、热力发电装置及太阳能医疗器具等方面。

二是核能。通称原子能。主要用于制造原子弹、核潜艇等军事方面，在民用方面则主要用于核能发电。

三是地热能。指地球内部所具有的热能。主要用于地热发电、地热供暖、地热务农（促进农作物早熟增产）、地热行医（可用于治疗贫血、关节炎、温泉治疗等）。

四是风能。指太阳辐射造成各部分受热不均匀引起空气运动产生的能量。可以利用风力提水、发电、助航、致热等。

五是水能。指水流中蕴藏的能量。可利用水能发电，我国三峡水电站、葛洲坝水电站，都是利用水能发电。

六是海洋能。指将各种海洋能转换成为电能或其他可利用形式的能，主要用于潮汐能发电、波浪能发电、海洋温差能发电、海流能发电和盐差能发电技术等。

七是生物能。就是以物质为载体的能量。由于物质能的原始能量来源于太阳，所以从广义上讲，它是太阳能的一种表现形式。主要用于制成沼气、制造植物燃料油以代替石油的使用等。

寰航探隐
循轨遨游

解读

　　寰航探隐指的是空间技术和航天技术，即利用空间飞行来研究发生在天空的物理、化学和生物等自然现象。它自20世纪50年代崛起以来，在政治、军事、经济、文化等方面作出了卓越贡献。

　　空间技术大致可分以下几类：

　　一是人造地球卫星。就是绕地球轨道运行的无人航天器，大部分用在军事方面，包括侦察卫星、导弹预警卫星、通信卫星、导航卫星和军事气象卫星等，有利于增强国防实力。

　　二是运载火箭。其用途是能把人造地球卫星、载人飞船、航天站或空间探测器等有效载体送入预定轨道。现代运载火箭必须采用多级火箭，即以接力的方式将航天器送入太空轨道。

　　三是载人飞船。即人类驾驶和乘坐载人航天器在太空从事各种探测、研究、试验、生产等用途的往返飞行活动。

　　四是航天飞机。可以重复使用、往返于地球表面和近地轨道之间运送人员和货物的飞行器。

　　五是空间站。可供多名航天员长期工作、居住和往返巡访的长期性载人航天器。

　　六是空间环境探测。主要是对太阳系各大行星的环境进行探测。

分子细胞
遗殖应用

解读

现代生物学的核心是现代分子生物学，也就是研究生命的科学。主要有微观和宏观两个层面。微观层面主要是研究生物细胞，宏观层面主要是研究生态系统。

一是基因工程。又称遗传工程。利用对基因的操作，把有用的基因转到一种生物体中，改变该生物体的生物性状，以达到更好地为人类生活服务的目的。最近基因工程已开始用来将基因导入人类细胞，使某种重要的基因直接在人体内应用，从而达到治疗各种疾病的目的，即基因治疗。转基因工程技术是基因工程技术之一，例如通过DNA片段的转基因工程，可以培育出新品种。再者通过DNA技术，可以鉴定亲子关系等。

二是蛋白质工程。应用现代生物学、工程学知识和技术手段，改造蛋白质的结构和功能，以生产出人类需要的产品工程。

三是克隆技术。克隆是英文clone的音译，其含义是无性繁殖。原来人们认为只有植物才能进行无性繁殖。科学家们研究并实现了动物克隆，先后克隆了蛙、鼠、羊、猪等，现在一些科学家正在研究克隆人。但是克隆人遭到许多人的反对，一些国家已立法制止研究克隆人。人们认为：人类与其他动物最大的区别在于人类有思想，而人类思想是在不断与世界接触过程中逐步形成的，这种思想根本无法复制，克隆人实际上是一个全新的生命,不是原来人的复制品。美国一位科学家表示他无保留地反对任何"复制"人类的企图,并称这种行为"在道德上是令人厌恶的"。

浩瀚海洋 蕴藏瑰宝

解读

海洋技术是研究开发利用海洋资源和保护海洋环境的技术，它是20世纪后半期才逐渐形成的一种新的研究领域。海洋资源是潜在的深厚的宝库，可分为几大类。

一是海洋生物资源。又称为海洋水产资源，是一种有生命的、能自行增殖和不断更新的资源。

二是海洋矿物资源。例如石油、天然气、可燃冰、煤、铁、硫、钾、盐、砂等。

三是海洋化学资源。如氯、钠、钾、钙等。

四是海洋能源资源。主要是指海洋中的波浪、海流、潮汐、海水温度差和海水盐度差等所蕴藏的动能、势能、热能、物理化学能等能源。

五是海洋空间资源。指的是由海上层、海中层和海底层组成的海洋空间，它蕴藏着无比丰富的资源，其中人类利用最多的是海洋运输。

六是海洋淡水资源。在海洋底床中蕴藏着大量的淡水资源，通过海水淡化可向人们提供生活和生产用水。

七是海洋药物资源。长久以来，人们通常从陆地上的生物中提炼药物，但世界上近80%的生物生存在海洋中，人们已经开始把研究新药的焦点转向浩瀚的海洋。

八是海洋旅游资源。就是海岸带、海岛及海洋的各种自然景观和人文景观,因为它具备阳光、沙滩、海水、空气、绿色等重要旅游因素,成为海洋旅游资源。

机缘挑战
纵横驰骋

解读

我国在清朝后期闭关自守，以老大自居，却国力衰微，经不起外国的洋枪洋炮，国门被打开，侵略者肆意蹂躏，几至国不成国，这才激起了许多有识之士抗议，遂放开国门，派出留学生，逐步引进了外国的一些先进科学技术，但毕竟因为基础太差，进展甚慢。

中华人民共和国成立，一声霹雳响，震动了全世界。我国的科学技术在极端落后的条件下迎难而上，奋步前进，短短的六七十年，取得了长足的进步。基础科学的进展大体上可以分为以下几个方面。

一是生物学方面。20世纪50年代末已经初步形成了科目较为齐全的研究体系。1965年9月17日我国的人工合成胰岛素工作取得成功，成为世界上第一个人工合成蛋白质的国家。几十年来生物领域在基因组学、生物医学、生态学与生物多样性、系统演化及古生物领域的研究方面都有突出的进展。

二是物理学方面。在核物理研究领域，中国科学家突破解决了中国氢弹原理中一系列基础问题，提出了从原理到构形基本完整的设想。20世纪60年代在中国的大西北升起了第一团"蘑菇云"——原子弹。中国的超导托卡马克可控热核聚变研究也跃居世界前列。此外，在纳米研究、量子研究、粒子物理研究、理论物理研究等领域，中国也在世界上居于领先地位。

三是化学方面。在有机化学、物理化学、生物化学、量子化学等领域都取得了突出成就。

四是天文学方面。在天文台（站）的建设与装备，以及天体测量、天体力学、太阳物理研究和恒星物理研究等方面，都取得了前所未有的进步。

五是地质学方面。在黄土地层研究、地质构造、地质力学等基础理论方面有了创见性发现，又实际探明了各种矿物资源的地质背景，进行了石油天然气勘探、矿产资源的勘探，以及防治地质灾害——山体滑坡、泥石流的整治等。

六是数学方面。20世纪80年代以后，一大批数学优秀成果涌现出来，在整体微分几何、解析数论、拓扑学、代数几何、非线性泛函分析、多复变函数论等主流方向上跨入了世界先进行列，并在数学机械化、速算法、计算数学等领域取得了原创性成果，领先世界。

当今时代是你追我赶、竞争激烈、优胜劣汰的时代，机遇与挑战同在，我们要迎难而上，各种科学层面齐头并进，纵横驰骋，才能脱颖而出，与科学先进国家并驾齐驱，进而超出。

劈波斩浪
硕果突显

解读

我国现代科学技术，几十年来不仅打下坚实的理论基础，而且取得了许多实际的伟大成果。

一是空间技术方面。中国是世界上第三个掌握卫星回收技术的国家，卫星回收成功率达到国际先进水平。中国还是世界上第五个独立研制和发射地球静止轨道通信卫星的国家。在空间技术方面，成功发射第一颗人造地球卫星；提高了火箭运载技术；建立了航天发射中心，"天舟一号"货运飞船是我国航空航天技术的一个突破；开展了载人航天和探月工程，"嫦娥探月工程"多次顺利开展，2019年初中国首次在月亮背面着陆，一飞冲天，震撼世界。

二是核技术方面。"两弹一艇"（原子弹、氢弹和核动力潜艇下水）或"两弹一星"（原子弹、氢弹、人造卫星）尖端武器设备的成功，极大地增强了我国的国防实力和综合国力。核技术的产业化在放射源生产、集装箱检测系统等方面也有了长足的进步，有的已达到世界一流水平。

三是激光技术。我国的新型激光器技术其功率和光束质量已达到国际先进水平。在北京建立的正负电子对撞机、亚洲第一台自由电子激光装置技术，还有我国研究成功的世界上第一台简易结构加速样机等，都进入了世界先进水平的行列。

四是新材料技术。我国先后在各地兴建了一批颇具规模的新材料产业基地，在稀土永磁、人工晶体、超导材料、纳米材料等领域的开发，已达到国际先进水平。

五是计算机技术。2010 年，"天河一号 A"让中国第一次拥有了全球最快的超级计算机，为中国中长期天气预报、模拟风洞实验、三维地震数据处理和航天事业作出了巨大贡献。21 世纪以来，我国计算机产业链国产化又前进了一大步，形成国产关键技术的强大推动力。

六是农业和医药技术。杂交水稻的发明是我国农业科技取得的最大成果，它带来了大幅度、大面积的增产，粮食综合生产能力大幅度提高。小麦远缘杂交育种，为小麦优质增产提出了新的途径。医药领域，在断指再植、肝胆疾病、神经外科、白血病等方面，都取得了卓越的成效。屠呦呦首先从黄花蒿中发现抗疟药有效提取物，分离出青蒿素，挽救了全球特别是发展中国家数百万人的生命，获得了诺贝尔奖。

2017 年 11 月 27 日世界上首个体细胞克隆长尾猕猴"中中"在上海诞生，12 月 5 日第二个克隆猴"华华"诞生。这是非人灵长类动物遗传学的一项重大突破，对于某种脑疾病、帕金森病、阿尔茨海默症和癌症等病的治疗提供了有效性。

七是交通运输技术。我国的铁路、公路和航运事业近年来有了长足的进步。高速铁路、高速公路已经领先世界。高速公路已经遍及全中国。近年刚刚修建起来的珠港澳大桥，无论从长度、工程技术质量等方面都居世界第一。我国已经有了自己的航空母舰，有了水陆两用飞机。我国的高速铁路已经输出国外，效益非常好，为世界各国所瞩目。

圣女缱绻
当惊世异

解读

马克思曾经说过：一天等于二十年。形容时间过得快，世界变化得快。当今科学技术突飞猛进，世界面貌日新月异，今年跟去年不一样，今天跟昨天不一样，明天跟今天又会不一样，谁知道十年、二十年、一百年、二百年以后的世界又会是什么样的呢？

借用毛泽东"神女应无恙，当惊世界殊"诗句的内涵来概括一下世界的变化，"圣女缱绻，当惊世异"以引起人们无限的遐想和美好的憧憬。

科学发展没有尽头，我们永远走在科学发展的长征路上。

七、教 育

教育事业
灵魂工程

解读

　　教育是一项神圣的事业，是铸造人类灵魂的工程，而教师则被称为人类灵魂的工程师。教师是人类文明的传承者，承载着传播知识、传播思想、传播真理、塑造灵魂、塑造生命、塑造新人的时代重任。

　　教育的基本方针是使受教育者在德、智、体、美、劳各方面全面发展，成为社会主义事业的合格接班人。首先是德，就是教学生提高政治思想觉悟，树立良好的道德品质，爱祖国，爱人民，也就是教学生怎样做人，这是一个人的立身之本，是人的灵魂。人活着首先必须知道怎么做人，做一个什么样的人，不懂得怎样做人，没有灵魂，你怎么活呢？这是一个带有根本性的问题。

　　智，就是教授学生各种知识。人生出来，什么也不懂，而他所接触的事物却是各种各样，千变万化的，不接受教育，没有这方面的知识，就难以应对，难以生存。老师给你智慧，给你知识，给你力量，给你信心，就是做一种教化、开导的工作。

体，就是体育。中国教育中过去不注重体育，学生只顾读书，不锻炼身体，手无缚鸡之力。现在学校里注重体育了，加强了体育课，这是教育改革的一个重要方面。

美，就是美育。包括音乐、舞蹈、绘画、书法、说唱、演戏、吟咏等多方面的教育，培养学生的审美能力和对艺术的兴趣，以提高学生情操、兴趣和身心素养。

劳，就是劳动教育。要弘扬劳动精神，教学生动手、劳动、操作、实践、实验、亲身体验，引导学生崇尚劳动，尊重劳动，懂得劳动最光荣、劳动最崇高、劳动最伟大、劳动最美丽的道理，长大后能够辛勤劳动、诚实劳动、创造性劳动。

德、智、体、美、劳要全面发展，才能收到好的效果。教育是国家的根本大事，也是每一个人的根本大事。

教育的方式也多种多样。社会是一个大学校，除了学校教育以外，家庭教育也十分重要。还要加强各种职业教育、师范教育、幼儿教育等，以适应各项专项工种的需要。

2019年2月中共中央、国务院印发了《中国教育现代化2035》，提出到2035年总体实现教育现代化、迈入教育强国行列，推动我国成为学习大国、人力资源强国和人才强国。这是一项多么伟大的建设工程呀！

读写学习
贯彻始终

解读

古语说：十年树木，百年树人。要培养一个人才不容易呀！

过去有一句老话叫作"书中自有黄金屋，书中自有颜如玉"。这句话似乎带有一点封建色彩，但如果换一个角度来理解，这句话不一定完全没有道理。你学习了，你的知识丰富了，你的科学技术知识提高了，你做官了，你就可以为国家作出更多的贡献，你的经济状况就会得到改善，就有能力买得起房子了，这不就是"书中自有黄金屋"吗？再说，你有学问了，你有技能了，你就能博得众人的青睐，"粉丝"就多了，爱慕你的女孩子也就多了，这不就是"书中自有颜如玉"吗？

应该说，读书、写作、学习，总的是为了增加知识，懂得事理，为国家作贡献。所谓"知识就是力量"，不读书，不学习，哪来的知识，哪来的力量呀？

我们国家过去穷，人们连饭也吃不上，衣也穿不上，没有钱上学，文盲知多少？结果是越穷越上不起学，越上不起学越穷，循环往复，形成了一个国弱民穷的局面。还有重男轻女思想，认为"女子无才便是德"，女人要才干什么？所以根本就不让她们去上学读书，妇女越不学习便越无才，越无才越不学习，形成一个恶性循环，这也是男女不平等的一个很重要的根源。

解 读

　　中华人民共和国成立以后狠抓教育，建立健全了各项学习制度，努力扫除文盲，小学、初中义务上学，青少年上学的风气已经逐步形成。尤其是在农村，一些老一辈的人深感自己没有上学、没有文化之苦，现在想方设法让子女上学，力求改变贫穷落后的面貌，女孩子上学的也多了，这是人们思想上的一大转变，千万不要放弃这个应有的权利呀！

　　活到老，学到老，知识没有穷尽，学习没有终止的时候，学习要贯彻始终呀！

老师讲授
榜样垂范

解读

老师教学生怎样做人，首先他自己要知道怎样做人。老师自己必须以身作则，言传身教，做出榜样，起到示范作用，才能培养出好学生来，否则怎么能培养出合格的、优秀的学生来呢？所以说师道尊严。

中国在传统上一贯重视尊师重道，老师的气质、品德，老师的表率，无时无刻不影响着学生。中华人民共和国成立初期，我国有许多在欧美国家的学者，有的已经是很有成就的大学问家、科学家，但他们不受外国丰裕生活的引诱和政治上的迫害，毅然冲破重重阻挠，冒着生命危险，回到祖国，生活可能比不上外国，但他们做了许多开拓创新、造福人类、增强国力、震撼世界的大事。还有各行各业成千上万的专业人才都是老师培养、教育出来的，所以，老师怎不令人钦佩呢！

像朱自清那样著名的老师，生活艰苦，他宁愿饿死也不吃美国的救济粮，这是为什么？这是一个中国人的骨气，这种人应该是人们的榜样。当然主要是学习一种精神，而不是叫大家都去绝食。

老师的教学应该理论联系实际。教经济学的老师，要教育学生怎样运用现代经济理论为国家创造财富，而不只是教学生个人怎样发财。教农业的老师应当教育学生怎样科学种田，提高产量、质量，而不是

单纯的体力劳动。各种类别的老师都应该这样。

正是有了这样的老师,教育学生一代一代传下去,我们国家才能在极端困难的条件下,赶上时代的发展,巍然屹立于世界强国之林。一想到这些,怎么能不对老师怀着深深的敬爱和尊重呢!

倾箧输送
如沐甘霖

解读

老师学问好，兼容并蓄，恨不得把自己所有的学问都传授给学生，像韩愈说的，老师做学问，爬罗剔抉，钩沉提要。老师首先自己必须要有学问，自己没有学问，怎么能教好学生呢？这是不言而喻的。我国有一些著名的大学为什么办得好，首先就在于它们的师资好，老师有真才实学，而不是滥竽充数。这方面最为人们津津乐道的就是北京大学，特别是在蔡元培当校长时，广揽人才，兼容并蓄，不管是穿西装革履留学归来的年轻老师，还是拖着一根长辫子的老夫子，只要是真有学问的，就都请来上课，这就叫做兼收并包。学生们慕名来听讲，学校的名声自然就雀起了。一位老师的学问如何，只要他一开讲，就可以看出来了，讲旧的，要讲出它的深度来；讲新的，要讲出它的创意来。不怕你标新立异，只怕你因循守旧，陈词滥调，这就必然引不起学生的兴趣，我不会去看书呀，要你讲什么！

做老师的一般都愿意把自己的学问传授给他的学生，倾囊而出。别看老师上课时说得轻松愉快，头头是道，引人入胜，其实他在上课前都要做许多准备，即备课。所谓爬罗剔抉，收集各种资料，进行选择、解读。老师教授学生往往是披肝沥胆，慷慨捐输，从不言倦，所谓的"无所乎隐"，他不会隐瞒什么呀！

怎样能让人听得懂，把高深的学问讲出简单的道理，这叫作厚积

薄发，深入浅出，没有深厚的根底是做不到这样的。老师谆谆教诲，体切入微，学生亲聆诲谕，如沐甘霖，听了一堂课，真是一场奇妙的享受呀！

　　学生在学习中成长，老师在教学中提高，这就叫作教学相长。

扬粹吐糟
矫枉匡谬

解读

老师也都是学生出身。不论他是在国内学习到的学问，还是留学外国学习到的学问，都是抱着自己所学到的东西来宣讲的。

各个国家的教育都有它自己的特长，有好的，也有不足的地方，只把自己学到的那点东西来讲授，是很不够的。过去有一种说法叫做"中学为体，西学为用"。"体"可以理解为身体，"用"可以理解为应用。既然是中国人的身体，为什么中国人不能用，而要去用外国的呢？中国传统的学问难道就不能用吗？中国有几千年光辉灿烂的历史，难道不是从自己的学问中得来，而是从外国的学问中得来的吗？这个命题本身就是不科学的。

当然，学问是不分国界的。外国的学问和中国的学问都有它的独到之处，不能泛泛地认为外国的好，中国的不好，或者认为只有中国的好，外国的不好，而应该是哪种学问好，哪种学问对我们有利，我们就学哪一种。马列主义也要中国化，社会主义也要办出中国的特色，不能千篇一律，千人一面呀！老师对古今中外的学问要融会贯通，吐故纳新，扬粹吐糟，矫枉匡谬，提出自己独到的见解，才能吸引学生的兴趣，提高教学的质量。

释疑解惑
温故烁今

解读

  帮助学生解答疑难困惑,这是老师的一种本职工作。老师的学问从哪里来?从学习中来。现在的老师,就是从前的学生呀!温故才能知新。古和新都不是绝对的而是相对的。古代的东西,在当时来说是新的。春秋战国时期百家争鸣,那么多的学说观点在这以前没有,只是在那个时代才有,所以说那个时代这些学说观点都是新的,只是随着时代的消逝而被认为是古的了。新从古来,现代的新,再过若干年,这些新的就变成古的了。

  新是建筑在古的基础上的。学习不能断代,而需要连续、一贯。过去的知识学得越多,越扎实,新的见解才能发现、巩固、牢靠,闪烁今天的光辉。现在我们日常开口说的话,写的文章,有很多是从古而来。没有这些古,你连说话、写文章都做不到,这是不争的事实。

  不要以为自己已经学得很不错了,你的学问要得到大家的认可才行。有一个相当典型的例子可以说明这个问题。战国时期有一位纵横家苏秦,自以为学问已经很好了,到秦国去游说,主张采取"连横"的政策,让诸侯六国互相打仗,秦国可坐收渔翁之利。秦惠王看不起苏秦,没有接受他的意见。苏秦一连上书十次,秦惠王都说不行。苏秦在秦国待了多年,身上的黑貂皮袍子穿破了,带去的一百斤黄金花光了,只得狼狈回家,蓬头垢面,灰头土脑。家人见了他不屑一顾,老婆不给他做衣服，嫂子不给他做饭，父母亲也不理他（"归至家，妻不下纴，嫂不为炊，父母不以为子"）。他这才认识到自己的学问还不到家，所以说服不了人，秦惠王不听他的。于是他发愤读书，"读书欲睡，引锥自刺其股，血流至足"。这就是悬梁刺股的故事（悬梁是另一个故事，不在此说）。果然，随后苏秦的学识大增，就跑到赵国去，建议诸侯六国采取合纵的政策，联合抗秦，受到这些国家的赞赏，并被授予相印，赠予车马、黄金等。他富裕了，有地位了。他再次回到家乡，家里人一改先前冷淡的态度，敲锣打鼓地迎接他。他问嫂子为什么前倨而后恭，嫂子说："因为你现在地位高贵，有钱了呀！"人情势利，不要说外人，就连自己家里的人也是这样！笔者引这个故事倒不是说要让大家都去学苏秦等那种悬梁刺股的学习方法，而是要学习他那种温故开窍、发愤学习的精神，温故才能烁今呀！

穷困憨拙
概莫嫌弃

解读

　　学生的天赋和本性是有不同的。有的学生聪敏，一点就明白；有的学生迟钝，教好几遍都不明白；有的学生学习勤奋；有的学生学习松懈；不会都一个样呀！老师教学生不能挑挑拣拣，应该一视同仁。孔子就说过"有教无类"的话，不管学生家庭有钱无钱，出身高低，聪明笨拙，都要耐心教导，不要放弃。相传孔子的学生有好几千人，学得好的也不过72人，学得很好的更少。孔子对学生的教育方法也是不尽相同的。因材施教，这是教学工作中一件十分重要的事情。

　　学习是一项艰苦的劳动，学习的前程非常遥远，没有止境。不能急于求成，要下苦功夫，即所谓的锲而不舍，金石为开，不怕笨，就怕懒，持之以恒，笨鸟先飞。

　　怎么能算学好了呢？关键的一点是学习了还要思考。

　　孔子说："学而不思则罔，思而不学则殆。"读书是件很细致的事情，那种一目十行、走马看花式的读书不是读书，只是浏览而已。过了几天，你问他近来读了什么书，他可能连书名都说不上来，不要说书的内容了。学习要思考，不思考就要忘记了，不知道书里讲的是什么，就会感到迷惘，不知所措。但是光思考而不学习也不行，成天的心猿意马，一心以为鸿鹄将至，却不知其所以然，这是非常危险的。

博览群书，多学习，多思考，这是提高学习效果的不二法门，没有什么其他的学习诀窍。

> 鼓励研议
> 启迪诱掖

解读

教育的方法，一般有灌输式和启发式两种。中国古时候大抵采取灌输式，即老师讲，学生听，死记硬背，有时候学生对课文背得滚瓜烂熟，却并不知道书中讲的是什么。这种教学方法效果就比较差。

所谓启发式教育，就是除了老师讲课以外，鼓励学生提问质询，研究议论。有时候老师还没有开讲，就先征询学生的意见，老师再根据学生了解的情况，有针对性地讲课，这样就更便于学生理解学习的内容了。

灌输式和启发式教育也不能截然分开。在实际教育时，灌输中也有启发，启发中也有灌输，该启发的启发，该灌输的灌输。有的知识就需要灌输，如定义、定律、口诀之类。有的知识则需要采取启发式，讲课不仅要使学生知其然，而且要知其所以然。

启发式教育还有一层意思，就是便于学生提高学习的自觉性。学生到学校来上课，不是被动学习，而是自觉学习，老师只能帮助、指导学生学习，不能代替学生学习呀！所谓"师父引进门，修行在自身"，就是这个道理。

《吕氏春秋》上说："达师（博通古今的老师）之教也，使弟子安焉，乐焉，体焉，游焉，肃焉，严焉。"一个好老师教学生能使学生安心、快乐、舒畅、自由、庄重、严肃。启发学生自觉学习，主动学习，老师讲得有劲,学生学得有味道,教育效果自然就好了。

《礼记》上说:"君子之教,喻也。道而弗牵,强而弗抑,开而弗达。"好老师对学生启迪诱掖,而不是强迫抑制,讲得好,学得也好,老师的本事也就在这里了。

切磋琢磨
并驾齐驱

解读

在读书学习中，总会遇到许多困惑疑难的问题，一个人关起门来独想，有时百思不得其解，而几个人或者更多的人一起研究，切磋琢磨，互相启发，才能有深入的领会，这在学术界是常事。两个人、三个人也好，几位朋友在一起也好，对一个问题进行深入的研究讨论，互相启发，绝对比你一个人苦思冥想要好得多，有效得多，所谓"三个小皮匠，顶个诸葛亮"，也就是集思广益。有一些专题，有关方面要召开几十人甚至几百人的学术研讨会，大家在会上充分发表自己的意见，谈论心得体会，共同提高。这样的研讨会，各抒己见，发挥集体的智慧，但不一定要取得共识，一次讨论不完，下一次再讨论，不要求一定取得一致，但求进一步提高认识，这就叫作和而不同。有些比较大的学问，或者重大的发明创造，更不是一个人能够完成的，而是需要几个人，或者一个团队，共同研究发明创造才能完成，有的甚至是几代人接续研究的成果。来自不同的途径，不约而同，殊途同归，诺贝尔奖金就往往不是颁发给一个人，而是几个人共同获得。独立思考，切磋琢磨，广泛交流，携手齐驱，这是做学问的必由之路。

读书学习必须抱谦逊的态度，哪怕你的学问再大，也会有不懂的地方。一介草民，学问不大，但他也可能熟悉某些情况。你不知道的，他可能知道，所谓智者千虑必有一失，愚者千虑也可能有一得呀！要不耻下问，所谓"三人行，必有我师焉，择其善者而从之，其不善者而改之"。即使学问不如我的，我以他身上的缺点来警惕、提高、改正自己的缺点，不也是一种帮助吗？即使像孔子这样的大学问家，也认为可以向一些小童、老人、船夫、盲人问询、请教，因为他们在某些方面知道得比你多。管子、隰朋一次陪齐桓公出征，回去不认识路了。管子说，问问马吧。大家就跟着老马走，终于到达了目的地。这就是老马识途的故事。山路上士兵们渴了，想喝水，哪里来的水呢？隰朋指出"蚁壤寸而有水"。蚂蚁窝的土堆高一寸，地下八尺就有水。大家就在这个地方挖掘，得到了水。这就是向蚂蚁要水的故事。这既是智者的智慧，也说明了人们不耻下问，甚至不避向动物请教，这是一个明证。不耻下问，迷途问盲，得益良多。

追求卓越
青甚于蓝

解读

  不要以为老师永远是老师,学生永远是学生,青出于蓝而胜于蓝,人人都追求卓越呀!做老师的要诲人不倦,自己也要不断地努力,吸收新知识,不能一部讲稿讲了好几年不改,世界上的新事物早已远远超过你的讲稿了。需要不断修正你的讲稿,提出新观点,让学生信服。当学生的呢,也要有青出于蓝而胜于蓝的志向,师承老师,也要超越老师,勤奋学习,激扬文字,笔耕不辍,精益求精,有独到见解,否则后人怎么会有发展创新呢!许多崭新的发明创造不正证明了青出于蓝而胜于蓝的道理吗?

  青出于蓝而胜于蓝是一件大好事。我教的学生将来比我的学问更好,成就更大,老师也感到光荣、骄傲呀!名师出高徒。只有高超的老师才能带出高超的学生来,学生超凡脱俗,出类拔萃,是老师指导有功。

截长补短
树立体系

解读

随着教育事业的不断发展，国家实行义务教育制度后，上学的青少年越来越多，教师队伍建设问题也越来越紧迫了，需要对教育系统进行更好的规划，确立更好的模式、体系，坚持把教师队伍建设作为一项基础工作来抓。

教育队伍建设主要有两条，一是增加教师的数量，培养优秀的各级各类教师，以适应现时教育发展的需要。当前科学技术日益发达，有些学校，特别是大学，准备开设某种课程，却因没有相应的教师承担，只得作罢。教师数量不足，就会拖教育发展的后腿，这是必须严加注意的。

二是提高教师队伍的质量。提高教师素质主要在于教师的言行要为学生做表率，教师的一举一动对学生有很大的影响。教师不仅仅是教学生科学技术知识，更重要的是教育学生怎样做人，要教他们爱国、爱家、爱己，这样才能培养出为国效劳的人才。老师自己要有一种光荣感、责任感。不是随便什么人都能当老师的，有些人想当老师还当不上呢！

教育是一个行业，有它自己的体系，需要规划扶植。教育体系的建立也是多方面的，主要在于制度建设、政治思想建设、治学建设等方面。具体来说，一是要确立教师的崇高地位，使人人都尊重老师，爱戴老师，使教师成为人们羡慕的职业。二是要明确教师的职责，每一个老师都要热爱自己的工作，在自己的岗位上发挥出光和热，为人类造福。三是确定学校的规模，培育目标，若干年后达到什么水平，采取切实措施，付诸实施。四是提高教材质量，使学生在各个年龄段都能得到相应的知识，既不要拖后，也不必超前。五是加强学校的领导，党委、校长都要加强思想政治工作，不仅对学生，对老师，对学校所有的人都要加强思想政治工作。六是要改善学校设备，学校的经费应更多地用于增添教学设备，为老师提供必要的科研条件。七是对老师进行培训，例如让老师抽出一定时间到有关的学校去进修，甚至出国进修，不断提高老师的学识水平和教育水平。八是关心教职工的身体健康，做到劳逸结合。关心老师的生活，提高老师的工薪福利待遇，使老师们尽量摆脱后顾之忧，充分发挥老师的工作积极性。此外，如招生制度、考试制度、就业制度等，也要有一定之规，还有改进的地方。教育部门和各级各类学校要根据各自的条件，截长补短，创新发展，树立体系，使教学工作更加适应不断提高的时代需要。

敬谢训诲
感恩图报

解读

生我者父母，教我者老师。老师对我有恩，我要感谢老师呀！小学老师是启蒙老师，教我认字、写字、唱歌、跳舞、做人的道理，让我愉快地产生一种求知的欲望。中学老师教授我更广泛的知识，什么人类呀，世界呀，天文呀，地理呀，动物呀，植物呀，物理呀，化学呀，数学呀，等等，使我大开眼界，让我抱着极大的兴趣愿意投入到这个五花八门、光彩夺目的学习中去。进了大学，就可以学到更加专业、广博的知识了。可以说，小学老师启蒙，中学老师启发，大学老师启智，哪一类老师都不可少，没有老师就没有后来的我。古话说：滴水之恩，当涌泉相报。何况师恩！师恩浩荡呀！

老师和学生是师生关系，也是一种朋友关系。老师是早一点的学生，学生也可能是晚一点的老师，老师和学生其实是不分伯仲，很难截然分开的。有所谓"忘年交"，就是一老一少，老师和学生在一起共同研究学问，忘记了彼此年龄差异，共同出成果。这类例子屡见不鲜。就像《论语》一书，上面记载了许多孔子讲的话。其实这本书并不是孔子自己著述的，而是他的一些学生，甚至学生的学生记述的孔子的讲话、学识、观点，汇集而成。古希腊哲学家苏格拉底，本人并无著作问世。他的一些学识观点，大多见之于他的学生柏拉图所著的一些对话体著作中，通过对话，见证了一对师生的学说观点。

解　读

　　中国人一向看重师生关系。学生可能毕业已经很久了,但是不管老师走到哪里,那里的学生就会主动找上门去拜访、叙旧、沟通友谊。老师有一点困难,学生就会从各方面声援资助。老师有什么需要,学生只要是能办到的,一般都不会推辞。老师在看到自己的学生作出重要贡献时也会感到由衷的高兴,感到光荣。可以说,老师和学生的关系是鱼和水的关系,是一种缘分,谁叫我们走在一起了呢?我们要十分珍惜和爱护这种缘分呀!

桃李芬芳
姹紫嫣红

解读

　　桃李芬芳，姹紫嫣红。桃李芬芳就是形容学生多，老师的学生遍天下。姹紫嫣红，就是许多学生学有成就，在各方面作出了突出贡献，像红花绿叶一样，美丽潇洒呀！

　　常听有些人说，我是谁的学生，觉得很光荣，这就是老师的魅力。譬如说这人是梅兰芳的亲传弟子，大家必然认为他的京剧一定演唱得好。有人说，这位是北京大学毕业的，大家一定认为他学问好，因为北大有许多名师指导呀！

八、文 化

璀璨文化
知识积淀

解读

　　文化是一个国家、一个民族的精髓，是人们知识的积淀，智慧的结晶。树有根，水有源，一个国家，一个民族，都有它产生、发展的根源，这个历史发展的过程也就是所谓的传统，就是传统文化。它是人们自觉的内心修养，国家的高度整治，社会的成熟标志，对人类起到一种潜移默化的教化作用。一个国家，一个民族丢掉了自己的历史传统，丢掉了自己的优秀的璀璨文化，就等于丢掉了灵魂，是站不起来的，世界上一幕幕历史悲剧，就是由于失去自己的文化造成的。

　　中国有五千年的历史，也就是有五千年的文化，浩如烟海的典籍，广博深邃的理论，光辉夺目的艺术，是取之不竭、用之不尽的遗产，为全世界所瞩目。中华人民共和国成立以后，更是吸收全世界文化的精华，结合中国自身的特点，形成了自己崭新的文化，在世界舞台上展示了闪亮的异彩。这是我们文化的主流。

也有一些低劣的文化，受到社会上不良习俗和封建迷信的影响，给人们带来思想上的冲激，使人们失去辨别是非的能力，做出损人利己的事情来，受到人们的鄙视。这只是文化的末流。

　　文化总是和文明联系在一起的，一般说来，文化程度高的人其文明程度也比较高，文化程度低的人其文明程度比较低，这也只是相对而言，并不是绝对的。有些人文化程度不高，却很文明，有些人文化程度高，却做出一些不文明的事来。我们的目标是在总体上提高人民的文化程度，同时也提高人民的文明程度，使整个国家、民族和人民的文化和文明程度不断地提高。

　　要发扬我国传统和现代的优秀文化，淘汰一些落后滞迟的文化，吸收优秀的外来文化，这就是文化建设的真正意义和价值，要坚持文化自信，广泛凝结优秀文化的精髓，坚持不忘本来，吸收外来，面向未来，在继承中转化，在学习中超越，善于把弘扬优秀传统文化和发展现实文化有机地统一起来，紧密地结合起来，在继承中发展，在发展中继承。

珍贵传统
流光溢彩

解读

我国的传统文化博大精深，春秋战国时期百家争鸣，百花齐放，各类学说争奇斗妍，各种思想出神入化，流光溢彩，许多著作对国家社会都起了极为重要的作用，我们一辈子也学不完呀。

但是随着时间的推移，人们的思想认识亦随之变化。有些思想学识在当时是很有用的，现在可能不适用或不完全适用了，而有一些认识则不仅在当时，即使现在也仍然是适用的，譬如做人的一些道理，仁、义、道、德呀，忠、孝、礼、仪呀，等等，什么时候可以不要了呢？什么时候都是需要的。我们要取其合理的内核，去掉不适应现时代的外壳，做到古为今用，对我们处事、为人、治国、理政，都有很大的好处。

其实我们现在所掌握的很多理论都是从传统的理论中得来的，可以说没有传统就没有今天，今天是传统的继承和发展。就拿马克思主义来说，它也并不是脱离传统的理论而单独构成的。它是在19世纪德国的古典哲学、英国古典政治经济学和法国社会主义理论的优秀成果上继承发展而成的。所以说传统是个宝，不能随便丢弃呀！我们一定要珍惜传统，把古代的东西拿来为今天应用，这就叫作古为今用。

精神物质
互相呼拥

解读

　　文化是社会生活中一个永恒的主题。

　　从大范围来说，文化有物质文化和精神文化之分。精神文化主要是指人类的思想、意识、信仰、理念等属于心理状态及精神创作的范畴；而物质文化则是指的某种物体、物质、制度、社会关系等各种较为具体的事物，是一种独立于人的意识之外的客观存在。按照历史唯物主义和辩证唯物论主义的观点，世界是物质的，而思想意识则是物质高度发展的产物，正如毛泽东所指出的：一定的文化是一定的社会政治和经济在观念形态上的反映。也就是说有什么样的政治经济，就有什么样的文化，而文化反过来影响和推动政治和经济发展，所以说精神文化和物质文化是相互呼应、相互拥有的。

　　物质是财富，而精神是源泉。如果世界上只有物质，没有精神，没有人的意志、聪明才智去开发、发掘、创造，物质便无由发展，也没有所谓物质文化或物质文明了；而如果只有精神，没有物质，则这种精神创造也只是无矢之的，徒劳无功，也就无所谓精神文化。所以精神文化和物质文化二者缺一不可。没有物质，精神起不了作用，形不成精神文化；没有精神，建立不起物质，形不成物质文化。物质是人创造出来的，物质有丰歉，但是精神不能欠缺，没有物质可以创造物质，没有精神就创造不出物质。所以说革命精神永垂不朽，说明精

解 读

神文化是永恒的。

归根结底,人是主宰物质文化和精神文化的一切的。是人主宰文化,而不是文化主宰人,是人创造文化,而不是文化创造人。中国文化是世界文化的一部分。让我们用双手建立自己的文化,创造自己的文明,创造世界的文化和文明。让全世界都成为一个有文化教养的世界,高度文明的世界。

意志坚毅
力量凝聚

解读

意志是什么？就是人的意见和志向，实质就是人的一种信仰。人不可以没有信仰。人如果没有信仰，就会随波逐流，无所适从，随风倒，如水上的浮萍，到处漂荡，自行沉沦，是没有出路的。

信仰的关键是一个公和私的问题。崇高的理想信仰不是为了满足个人的私利私念，而是为绝大多数人谋利益，为了公平和正义，坚定不移，锲而不舍，努力奋斗，直抵于成。

世界上的理论、学说、理念千千万万，汗牛充栋，究竟信哪一种呢？这就需要比较。中华人民共和国的建立就是许多仁人志士经过艰难的历史抉择，在国内外各种学说理论信念的比较中，逐步省悟加以选择的。在历经磨难和痛苦的深渊中拼搏的中国人认识到，只有信仰马克思主义、实行共产党领导下的社会主义、共产主义，中国才有出路。有了这种信仰，我们的国家才能由穷变富，由弱变强，这是一条必由之路。

有了信念，才有共同的意志，坚定的立场，强大的力量。没有信念，各行其是，就是一盘散沙，不攻自破，中国这种教训实在是太多了。

统一意志并不是一个人说了算，而是聚集千千万万人的意志，就是所谓的民主集中制，这就是民主。我们要的是真正的民主，而不是形式上的民主。我们通过各种方式征集群众的意见，凝聚群众的力量，经过筛选而推行，民主的范围是很大的。现在有些人还痴迷于西方形式上的民主，认为这是当今世界政治体制的潮流而津津乐道，把形式上的、已经过时、即将被淘汰的事物，当作潮流，心向往之，真是缘木求鱼，必不可得呀！

我们现在所从事的是一项前无古人的伟大事业，没有经验，我们做的是一件开创性的事业，在前进的道路上难免会有错误，但是有了错误改正就好。难道我们什么也不做，什么错误也不犯，社会就能进步吗？这只会窒息人们的思想，堵塞人们前进的道路，几十年、几百年依然故我，这哪里会有什么进步？

人民有了信仰，民族才有希望，国家才有力量，这是千古不易的真理。

艺苑面向
为什么人

解读

艺苑泛指文学和艺术。文学是要写书的，艺术是要演出的。书是要让人读的，演出是供人欣赏的，于是写什么书，演出什么节目，就成为文学艺术的一个主题和主旨。

文学艺术最关键的一点就是为什么人的问题。当代最著名的论点就是毛泽东在延安文艺座谈会上的讲话中所指出的：文学艺术"为什么人的问题，是一个根本的问题，原则的问题"。邓小平也指出："我们的文艺属于人民"，"人民是文艺工作者的母亲"。习近平同志在最近的讲话中更直截了当地提出："文艺要坚持为人民服务、为社会主义服务的根本方向"，"要把满足人民精神文化需求作为文艺和文艺工作的出发点落脚点，把人民作为文艺表现的主体，把人民作为文艺审美的鉴赏者和评判者，把为人民服务作为文艺工作者的天职"。文艺的性质、作用和重要性就已经说得明确无疑了。

文艺起着对人民群众引领和导向的作用，影响人们的心灵感受，影响整个社会的风尚习俗，影响国家的盛衰荣辱，不仅影响这一代，而且影响好几代。屈原的《离骚》以其最瑰丽的抒情长诗，震撼着无数读者的心灵，远至海内外。其他如各派学说、名著、诗词，等等，传世久远，脍炙人口，陶冶人们的性情，激荡人们的意志，其作用是无可比拟的。

解 读

  为什么会是这样呢？因为文艺反映历史和社会现实，而历史和社会现实是人民创造的。人民创造的历史和现实波澜壮阔，包罗万象，是永远也写不完、演不完的。人民生活所反映的一切就是文学艺术创作的根本和源泉，没有了人民，你还写什么呢？闭门苦思，即使登上象牙塔也是什么都写不出来、演不出来的。文学家、艺术家要深入群众，虚心向人民学习，向生活学习，才能反映出广大人民群众的感受，而不是以自己的感受来代替人民的感受，以至误导人民群众。在新时代，文艺工作者要用自己的笔，自己的演艺，宽大的胸怀，写出、演出人民对美好生活的憧憬和信心，引导人民为社会主义、共产主义的崇高信念努力向上，不倦奋斗。文艺工作者任重而道远呀！

舆论媒介
点拨迷津

解读

　　新闻媒体是干什么的呢？是做宣传、报道、解释、评议工作的。它是国家的喉舌，沟通的桥梁，舆论的工具，文化的传播，人民的声音。任何国家都十分重视新闻媒体工作。它在整个国家中具有广泛的传播力、引导力、影响力、公信力。

　　既然新闻媒体工作这样重要，它的任务就十分繁重，十分光荣。在我们国家，新闻媒体必须坚持宣传党的方针政策、理论和路线，各个阶段的主要任务，交流各地各种好的做法经验，表扬好人好事，传播主旋力和正能量，引导全国人民心往一处想，劲往一处使，全心全意为国家作出贡献。

　　真实性是新闻媒体工作的生命，任何一项新闻媒体报道必须客观、公正、真实，决不能弄虚作假，颠倒是非，误导人民，这个状况过去不是没有，虽然开始时也只是个别地方的行为，但一经新闻报道，媒体宣传，一传十、十传百、百传千、千传万、万传亿，全国人民都信以为真，造成了许多不良影响，危害甚大呀！为此，新闻媒体工作者必须深入群众，深入基层，摸清真实情况，绝不能搞"客里客"，无中生有，或者添油加醋，把事情的真实情况变得面目全非。党和政府必须深入开展马克思主义的新闻观教育，引导广大新闻媒体工作者做党的政策主张的传播者，时代风云的记录者，社会进步的推动者，公平正义的守望者。

　　社会上也有一些丑恶现象，新闻媒体工作者需要揭发、批评，但不要不分青红皂白，没有依据，兴波逐浪，顺水推舟，把水搅混，而是要针砭时弊，激浊扬清，明辨是非，实事求是，既弄清个别事实的真相，又要从宏观上把握和反映事件或事物的全貌，把握节奏，讲究策略，启发教育，把坏事变好事，而不是把好事办坏。

　　当前大兴网络互联、智能手机之风。有一个小小的手机，就能知天下大事，互联网成为一个社会信息的大平台，亿万网民在网上获得信息，交流信息，对人们的求知途径、思维方式、价值观念产生重要影响，甚至对国家前途、社会风气、工作认识、人生观念产生重要影响，这是新时代新闻媒体工作者必须谨慎掌握的一个重要工具。网上传播的信息五花八门，什么都有，不能要求网上所说的都对，要多一些包容和耐心。有些意见虽然不好听，但如果是正确的，就要及时吸纳接受；对模糊认识、似是而非的言论要及时廓清，点释迷津；对怨气怨言要及时化解；对错误看法要及时引导和纠正，使互联网真正成为了解群众、贴近群众、为群众排忧解难的新途径，成为发扬人民民主、接受人民群众监督的新渠道，成为亿万民众共同的家园。当然，互联网也不是法外之地，有些网上信息恶意攻击，造谣生事，煽动谩骂，传播恐怖，妖言惑众，教唆暴力，人身攻击，散布色情，兜售非法物品，等等，动摇国基，流毒群众，这是绝对不能容许的，必须坚决予以制止和打击。

掌握平衡
缩减差距

解读

所谓平衡，是指一种事物的各个方面在数量或质量上相等或大致相等。例如产销平衡、收支平衡、利益平衡，等等。这是事物发展的稳定性和有序性的标志之一。

平衡是相对的，不是绝对的。平衡不是平均，不是说你有多少财产，我也要有多少财产，你有多大学问，我也要有多大学问。这不可能，也没必要。世界上有各种不同的事物，就有各种不同的表现，是不能用平衡来概括的，一个千斤顶能和一片羽毛搞平衡吗，这是不可能的，所以不能一概地要求平衡。

平衡也不是所谓的平等。这完全是两个概念，所谓权利均等，实际上也是不可能的。因为每个人的智慧、能力不同，所付出的劳动也不同，他们的权益也就会不同。

所以说平衡是相对的，而不平衡是绝对的，什么事情都平衡了，没有不平衡了，实际就是否定了平衡这个概念。

但是，平衡也是可以转化的，平衡和不平衡相互转化，相反相成，强可以变弱，弱可以变强，富可以变穷，穷可以变富，今天你强我弱，明天可能是你弱我强，就看人们的努力程度如何啦！劳动是改变不平衡的重要基础。

平衡和不平衡虽然是正常的，但是过于相差悬殊则是不好的。譬

解 读

如城乡不平衡，这个地区和那个地区发展不平衡，差距越来越大，就会使人们产生不满，甚至发生冲突，所以必须采取适当措施，改变这种不平衡。

掌握平衡，缩小差距，是国家的一项重要政策。

禀廉祛私
谨免蚕蚀

解读

禀廉，就是保持廉洁、不贪婪的意思。古人王逸在对"廉洁"二字的注解中说："不受曰廉，不污曰洁。"不是你的东西不要去接受，不要去玷污洁净的东西。廉洁特别是针对做官的讲的。因为做了官，有了权势，就有人来巴结你、吹捧你、贿赂你，一些官吏顶不住外来的诱惑，一步一步陷入贪腐的泥潭。不廉洁往往是由于一些私欲过度引起的，有的人一有机会就捞钱，假公济私，损害国家利益，为人民所唾弃。谨防腐蚀，莫伸手，伸手必被抓。自古以来我们国家有不少的清官，一身清廉，并与贪官污吏作斗争，为世人所称颂。

有的人认为，我没有功劳，也有苦劳。这完全是站不住脚的。难道你有了功劳、苦劳，就可以多捞点钱吗？没有这个逻辑。诸葛亮当蜀国的丞相，他的功劳难道不大吗？可他从不与人争功，而是"鞠躬尽瘁，死而后已"，值得人们称颂。

廉洁常常联系到羞耻。一个不廉洁的人是不知道羞耻的。知道了羞耻就不会去做那种不廉洁的事了，在这个灯红酒绿、金钱铺地的现实环境中，要进行抵制，是要有一些勇气的。所以又说："知耻近乎勇"，"有耻且格"，有了羞耻心，就不会做出格的事情啦！这是为官者必须坚守的一条底线。

诤谏逆耳
苦口利病

解读

诤谏就是直截了当地规劝。人们一般都爱听好听的话，不爱听不好听的话，但挚友往往说一些不好听的话，径直指出你的缺点错误，需知只有挚友才能做到，一般朋友是做不到的。他向你直言规劝，是爱护你、关心你，你决不能因为觉得不好听而听不进去，甚至厌恶他。所谓良药苦口利于病，忠言逆耳利于行，这些忠言是千金也买不到的，你必须听进去，感谢他，善待你的挚友。

古代的君王，大多听不进不同意见，对持不同意见的官员予以罢黜或贬谪，但也有一些君王例外，愿意接纳不同意见。相传尧设"欲谏之鼓"，就是在宫殿上设置鼓，鼓励老百姓敲鼓进谏。舜有"诽谤之木"，就是准备了让人写批评意见的木柱。春秋战国时期秦王受到一些臣子的怂恿，下令把不是秦国人的客卿一律驱逐出境。客卿李斯不是秦国人，也在被逐之列。李斯对秦王的这个命令不以为然，写了一篇《谏逐客令》给秦王，说了许多道理。秦王认为李斯的意见对，于是就收回了成命，恢复了李斯的官职。唐初一位谏议大夫魏征前后共向皇帝提出了200多条谏议，受到唐太宗的赏识。魏征去世后，唐太宗亲自到魏征家去吊唁，称魏征是一面镜子，说："以人为镜，可以知得失。……今魏征殂逝，遂亡一镜矣。"可见唐太宗对官员谏议的重视。习近平总书记也多次劝诫党员干部要高标准，严要求，"照镜子、正衣冠、洗洗澡、治治病"。这是和中国传统理念一脉相承的。

　　以镜观面，并不是说只照一个人的外表，而是要照出一个人的内心。多作自我反省，然后才能使自己醒悟。

入于染缸
随而变颜

解读

中国春秋战国时思想家墨子语重心长地说:"染于苍(青色)则苍,染于黄则黄。所入者变,其色亦变。五入必(进入五种不同的染料),而已则为五色矣。故染不可不慎也。"他又说:"非独染丝然也,国亦有染。""非独国有染也,士亦有染。"

社会是一个大染缸,有好有坏,人们进入社会就像进入到一个大染缸一样,入朱则赤,入墨则黑。环境能改变一个人呀!

一个人如此,一个国家也是如此。一个国家的领导人作风正派,做出榜样,人民的作风也就端正,做事认真,文化和文明程度就高。一个国家的领导人之间争权夺利,互相倾轧,则下面的人也你争我夺,尔虞我诈,国家得不到安宁,还谈什么文化、文明!所以说正人必先正己。一个领导者的重要责任,首先要端正自己,以身作则,这样,社会风气才会好,文化和文明程度才会高,才能建立一个健康正直的社会。

瑕不掩瑜
以柔克刚

解读

我国一贯的治国理念是推行王道，不行霸道，也就是以理服人，以德服人，而不是以力压人。我国近百年来一直受到帝国主义列强的侵略，几乎濒临亡国的境地。在中国共产党领导下建立了新中国，几十年来我们以文化立国，百废俱兴，百业俱举，各项建设突飞猛进，国力大增，并向着中华崛起的强国梦大步前进。我们国家的领导人总是公开地、十分明确地表示，我国强大了，也不称霸。这是我国悠久历史传统文化的继承。不仅不称霸，而且尽力给弱小国家以帮助，由此赢得了国内外，特别是一些弱小国家的好评和信任。

我们建设有中国特色的社会主义，是一项前无古人的伟大创举，没有经验，在建设和改革中可能产生一些缺点和问题、错误。但是瑕不掩瑜，错误和缺点掩盖不了成就，成就是主要的，缺点错误是次要的，缺点错误是可以改正的。玉不琢，不成器，玉也是需要经常琢磨的，愈琢磨愈光亮，我们就是在不断琢磨中显示出自己的光亮。

以德服人，和平谈判解决纠纷，并不是示弱，而恰恰是一种坚定。有理走遍天下，无理寸步难行，以柔克刚、柔能胜强！

肥沃土壤
任君耕耘

解读

　　天涯海角，芸芸众生，人们都向往着过和平美好的生活，这是人同此心，心同此理。但是和平美好不是靠外来的施舍，而是要靠自己努力争取。《国际歌》说："不靠神仙皇帝，全靠我们自己。"国家越强大，别的国家就越不敢欺侮，和平美好的日子越能光临。国家越弱，就越没有发言权，哪来的什么和平美好呀！再说和平美好不能以妨碍或有损别人、别国为前提，别国的事情让他们自己去管，不容外来干预。任何人、任何国家都不能越过这条底线。现代社会，只有共赢，没有单赢，只有共享，没有单享，合则共利，分则都输，已成为明证，没有什么可怀疑。

　　当今世界风云变幻，深不可测，但是天涯海角，近在咫尺，大家要风雨同舟，有福同享，有事共担，文化文明，才能达到和平美好的彼岸，在广阔肥沃的土壤上，放开手脚，任君耕耘。

九、伦　理

伦理观念
表达要旨

解读

　　伦理观念是一种社会意识形态，道德规范，表达出一种重要意旨，是要让人们共同遵守的思想行为准则，是一项重要的精神文明建设。不同时代和不同社会有不同的道德观，也就是人生观、价值观。道德观的内涵虽然随着时代的不同而有所变易，但其基本内核为人所共识。例如现代社会倡导的民主、自由、平等，中国传统意义上的仁、义、礼、智、忠、孝、谦、诚等，都是大家公认的美德。当代我国社会主义的核心价值观："富强、民主、文明、和谐、自由、平等、公正、法治、爱国、敬业、诚信、友善"12个词、24个字，是大家必须共同遵守的道德准则。人类只有共同遵循这些美德，才能互相理解、互相尊重、互相帮助、互相学习，和谐共存，否则就会发生冲突，引起纷乱。所以伦理观念、道德规范的产生是一种时代的必然，是人类智慧的一大发挥。

解 读

现时人们的道德观、人生观,虽然比以前有了不少的进步,但并不尽如人意,还有不少的缺陷。现在很多人日夜拼搏、奋斗不懈,正是为了求得人类真正的共同道德规范和社会公正。永远也不要丧失信心,永远要充满活力,世界的未来就一定能够比现在更加美好。

继往续来
巧妙契合

🎗 解读 🎗

  在切实遵循社会主义核心价值观的同时,我们也不要忘记了仁、义、礼、智、忠、孝、谦、诚等传统的道德价值理念。传统的道德价值观和社会主义核心价值观不是矛盾的,而是相辅相成的。社会主义核心价值观也充分体现了我国传统价值观的内涵。传统的道德价值观和社会主义核心价值观是一种继往续来的关系,二者形成了一种巧妙的契合。有了传统价值信念,又有了社会主义核心价值观,我们国家的价值观、道德观、人生观、世界观,就更加充实,更加完美了。

仁爱礼智
道德丰碑

解读

仁。中国古书上讲到道德观时常常把"仁"放在第一位。究竟什么是仁呢？有许多种解释，譬如说：克己复礼为仁；仁就是爱人；爱憎分明就是仁；有了仁心就没有恶意了；巧言令色，鲜矣仁；等等，都是有针对性的。仁的概念扎根在中国人民心中，人们用仁人志士、仁人君子等美好的言辞来阐明仁的内涵，古代如此，于今亦然。

爱总是和"仁"连在一起的。孔子说：泛爱众，而亲仁。"爱"是紧跟着"仁"的。"爱"和"义"的关系也十分密切。《中庸》上说："义者宜也"，"行而宜之之谓义"，而爱也就是一种适当、适宜的表现，没有爱就没有义，爱是更大范围的义，更大程度的义。见义勇为、有情有义和爱国爱家、大爱无疆等，这种传统的美德，一直延续至今。

礼。"礼之用，和为贵"（《论语》）。礼的应用就贵在一个"和"字上。两人见面握一下手，说一声"请"，敬一个礼；做错了事，说一声"对不起"，什么事情也就都化解了，大事小事、国际国内都如此。直到现在，我国还一贯坚持开会讨论解决问题，求同存异，和平共处，就是讲究一个"礼"字。

智。以智取胜，而不是以力取胜。以智取胜，人家心服口服；以力取胜，人家口服心不服。何去何从，还不清楚吗？

仁、爱、礼、智是一种道德丰碑，受人尊重。

忠孝谦诚
愉悦欣慰

解读

忠。就是忠心。"为人谋而不忠乎？"（《论语》）你替人民和国家办事，能不尽心竭力忠心耿耿吗？忠心就是竭尽自己的全力，卓有成效地完成交办的事务，而不是花言巧语，说的好听，敷衍应付。中国共产党提倡全心全意为人民服务，而不是半心半意、三心二意。毛泽东为此专门写下了《为人民服务》的篇章。近期中央提出各级官员要有作为，而不是不作为，就是体现在一个"忠"字上。

孝。主要是指子女对父母要孝顺。子女对父母的孝，不仅仅是物质上的，更重要的是精神上的，使老人能安度晚年。孝不是一种施舍，不是还债，不是负担，而是一种担当，一种责任，一种义务。

谦。就是谦虚、谨慎。古人说：谦受益，满招损。谦虚谨慎不仅是人与人之间，也是国与国之间和谐的一个重要原则。这是基于人与人之间、国与国之间平等的基础上体现的。人与人之间不分高低贵贱，国与国之间不分大小强弱，大家都是平等的。《论语》上记载了孔子的学生在回答老师到他国去，"必闻其政，求之与，抑与之与"的问题时，说："夫子温、良、恭、俭、让以得之。"老师是用温和、善良、谦恭、诚恳和虚心的态度求得的。这句话恐怕任何时候都用得上。我们中国采取了谦虚谨慎、合作共赢的办法对待别国，世界上同情和支持我们的人和国家越来越多，彼此相处得很愉悦，我们的朋友遍天下。

解 读

这是一个国家和人民素质品位提升的重要表现。

诚。就是诚实。心口如一，言行如一，真实可靠，而不是口是心非，言行不一，花里胡哨，表里不一。言必信，行必果，听其言，观其行，实际就是理论与实际一致，这是中国传统上观察一个人的重要标志，直到现在仍是这个标志。诚实的人必然是有信用的人，没有信用就得不到信任。"自古皆有死，民无信不立"，一个人不讲信用，必然成为孤家寡人，没有人理他，只有向隅而泣了。

正是这种忠、孝、谦、诚，像春风雨露一样，滋润着人们的心田，赢得社会的健康、安宁。

真善美慧
展示品位

解读

真。就是真实，还原事物的本质，与客观事物相符。是就是是，非就是非，不要以是为非，以非为是，是非不分，黑白不分。孔子说：知之为知之，不知为不知，是知也。要真知，不要假知，不要假不知为知，自欺欺人，把事情搅混了。

善。就是善良。孟子说：不忍人之心人皆有之，即人都有恻隐之心。看到一个小孩快要掉到井里去了，就会很自然地伸出救援之手，这是人的一种本能，也就是善心。做人做事都要从善意出发，做好事，不做坏事。佛教倡导去恶行善，乐善好施，认为救人一命胜造七级浮屠。用善意来看待对方，用正面来看待社会，人同此心，心同此理，我们的社会就和谐了。

美。就是对一种事物美好的感受。人们常常用"美丽""美德""美满""美轮美奂""美不胜收"等词句来描述一个人，一处风景，一件事物，这是人之常情，有谁愿意去触碰那些假、恶、丑的东西呢？不会呀！美不只是一种表面现象，而是一种内在的东西，即所谓"内在美"。不要光看他（她）长得好看就美，而要看他（她）的内心世界。心灵美比一切美都有价值。

慧。就是一种智慧、聪明、能干、智商高。学习优秀，名列前茅，办事圆满，成效显著，大家满意。慧是一种感情与理智的巧妙结合，所谓秀外慧中，就是外表秀美，内里聪颖。"慧眼识英雄"，就是用敏锐的眼力来认识一个人。现时有所谓智库，就是把一些高智商的人聚在一起，共议大事，推动事物的前进。

真、善、美、慧展示了人的一种品质、品德、品位，具有这种崇高品德、品位的人，受到人们的尊重。

磊落坦荡
孤处慎独

解读

磊落坦荡。就是心胸要开阔、扩大、厚重，不计较小是小非，多听不同意见，能容纳人。对自己要严格要求，对别人则要宽容，不苛求。孔子说："躬自厚而薄责于人，则远怨矣。"自己多担当一点儿，不要把失误都推到别人身上。己所不欲，勿施于人。不计前嫌，上一代人的恩怨只能由上一代人负责，下一代人不负这个责任，但要能吸取教训，不犯重复的错误，即所谓的"不贰过"。向前看，来日方长，化敌为友，多一个朋友总比多一个敌人好。

孤处慎独。人往往在与人共处的时候，比较能够谨慎从事，而在独处一隅时，却不能遵守共同的规则，做出一些违法犯纪的事情来。不要以为一个人独处的时候人家看不到，可以放任不管，胡作非为，需知隔墙有耳，群众的眼睛是雪亮的。《中庸》上说："莫见乎隐（没有比处在隐蔽的地方更能让人见到了），莫显乎微（没有比置于细微的地方更能被人发现了），故君子慎其独也。"没有不透风的墙，若要人不知，除非己莫为。只有光明磊落，胸怀坦荡，心中无私，才能孤处慎独，这也是人的高尚品质修养的体现。

松柏挺屹
何惧霜冻

解读

在许多种的树木中,人们为什么独尊松柏呢?因为松柏经得起风吹雨打、寒冷霜冻的考验,而别的树木则不能。大多数树木早在秋末时叶子就已经飘落了,唯松柏仍傲然挺立,没有动摇。秋风扫落叶,"岁寒,然后知松柏之后凋也",就是形容松柏的坚韧不屈。

人们把松柏坚韧不屈的性格用到人的品质上,人应该像松柏那样也要有傲骨、有骨气。什么叫有傲骨呢?孟子概括得最好,就是"富贵不能淫,贫贱不能移,威武不能屈",一句话,就是:"我善养吾浩然之气。"头可断,志不能移;士可杀,不可辱。这样有傲骨的人我国历史上是不少的。近代像李大钊、方志敏等烈士,为秉持自己的信念,在敌人面前正气凛然,从容就义。正是因为有这样许许多多的仁人志士,我们国家在历经风霜雨打、残酷侵害的状况下仍巍然屹立于这个世界,并不是偶然的。

条件艰辛
站住脚跟

解读

在中国这块广阔的大地上，有着千千万万的职工，他们以自己的学识、才智，兢兢业业地工作，受到人们的普遍尊重，这是理所当然的。

这里特别要提到那些在祖国边远地区、穷乡僻壤、深山老林里的一些教师。那里地势险恶，交通不便，设备简陋，生活困难。就在这些地方，一些老师长期坚守在那里，做他们教书育人的工作，报上所载许多边远乡村教师的先进事迹，无不令人感动。

有的学生家里穷，上不起学，老师到学生家里去，千方百计地做家长和学生的工作，动员他们克服困难，坚持上学，甚至自己掏出钱来，帮助孩子们买书本、交饭费。有的学校离学生家较远，孩子幼小，身体较弱，老师走好几里路，主动上门把孩子从家里背到学校去上课，上完课再背孩子回家。有的学生基础较差，老师不厌其烦地多次教导启发，从不嫌弃，直到孩子们学懂为止。边远乡村经济条件较差，教师工资不高，生活困难，有的老师本来可以返城执教，但是当他们看到孩子们依依不舍的目光时，不忍心离开孩子，仍然坚守岗位，坚持下去，有的甚至终生守候在孩子身边。他们就像孩子的父亲、母亲一般，心胸无比宽广，意志无比坚强，信心无比充足，忍艰负重，他们蓄志筑梦，站稳脚跟，把自己美好的青春，甚至一辈子都奉献给自己

所热爱的教育事业,在极端困难的条件下不易初心。他们的敬业精神和高尚品格值得我们学习,他们不愧为我们国家的脊梁,灵魂工程师。

除了这些教师以外,还有许许多多的同志,宁愿放弃优越的条件,而到艰苦的地方去工作,他们把个人的小梦同国家的大梦结合起来,自讨苦吃,以苦为乐,立定志向,不是干一阵子,而是干一辈子。只有许许多多的人在各自的岗位上站稳脚跟,蓄志筑梦,中国的大梦才能完成。在实现个人梦的基础上的,才能共同构成国家的大梦。

成败得失
尽其在我

解读

　　一个人在工作中有成功，也有失败。成功也好，失败也好，既是必然，也是偶然，客观因素很多，往往是不以人的意志为转移的。成功失败总是相伴而行，不能只许成功，不许失败。失败常常是成功之母，无数次的失败奠定了取得成功的基础。成功只是一霎那，为人所共见，而失败可能是无数次，有谁见到了呢！有的人经过多次失败，结果成功了，固然很好，也有许多人经过无数次的失败最终没有成功，也并不气馁。许多革命志士前仆后继，可能要经过几代人的奋斗才能成功，自己并不能看到成功，但也是心甘情愿，毫不后悔。尽其在我，只要在最后说一句：我尽力了，我参与了，就足够了，值得了。尤其不要去争功，当你想起一些人为了革命事业奋斗终身，连自己的生命都没有保住，还会想去跟别人争功吗？

荣辱毁誉
毋过牵挂

解读

哪一个人不希望得到光荣而不受羞辱呢？哪一个人不希望得到赞誉而不受毁损呢？这是人情之常。人们经过努力，赢得了光荣；做了好事，得到人们的称誉，这是通常的情况。但是社会非常复杂，受到各种因素的影响，有许多事出人意外。有的人做了很多努力，却总不成功，非但得不到光荣，反被人羞辱；有的人做了很多好事，却常常被人质疑。诚如孟子所说："有不虞之誉，有求全之毁。"有时候会遇到突如其来的赞赏，言过其实；有时候会对你求全责备而诋毁你，使你感到有压力。

其实，每个人的处境不同，修养不同，秉性不同，他们并不要求得到恰如其分的对待。孔子的学生子贡善于经营，他很富有，很潇洒；而颜回则是做学问的，生活很困难，但他仍不改其乐，各人的志趣不同嘛！说到底，荣辱富贵、赞赏诋毁，都是身外之物，不必过多介怀，我还是我，不要太看重外来之物呀！

错讹怠忽
及早更迭

解读

每个人都会有因差错怠忽而造成失误的时候。对待差错过失有两种态度：一种是闻过则喜，朝闻夕改；另一种则是掩饰错误，不让人知。

孔子十分欣赏他的学生颜回，不迁怒，不贰过，就是自己遭到困惑时不迁怒于别人，不重犯过去曾经犯过的错误。他又十分赞赏他的学生子路，闻过则喜，有差必纠，只要听到人家说了自己的过失，马上就纠正。古时有许多人想方设法纠正自己缺点错误的行动，很令人感动。例如西门豹性急，故佩韦（佩戴柔软的熟皮带子）以自缓；董安于性子慢，故佩弦（佩戴绷紧的弓弦）以自急。这种自觉矫正缺点错误的做法多么令人钦佩。他们所纠正的，不仅仅是个人的缺点、错误，而是明辨了一种是非，端正了一种社会风气。

"过而不改，是谓过矣。"贵在及早更迭，改正错误，挽回损失。知道了过失而不改，才是真正的过失了。

闻过则喜，知错随改，多交诤友，不怕听不同意见，甚至尖锐刺耳的意见，这是一种博大的胸怀，需要有多么大的勇气呀！

是非曲直
实践鉴裁

解读

　　理论联系实际可以有两个概念。一是这个理论是否正确，是非曲直，要在实践中去鉴裁。实践是检验真理的唯一标准，这已为大家所公认。理论经过实践检验是正确的，这个理论才能持久，理论在实践中行不通，说明这个理论不正确，即使一时推行，也不过是昙花一现，过眼烟云，转瞬即逝，没有什么价值。

　　理论联系实际的另一个概念是，正确的理论必须在实际中推广应用，不能置之高阁，像象牙塔里的宝贝，仅供人欣赏而已。有人手里捧了一个高超的理论，嘴里说："好呀！好呀！"却不拿到实际中去应用，这是辜负了理论。理论和实践是相互印证的关系。

　　理论符合实际，就是说理论要适合各国的国情。这个理论适合你的国情，就在你的国家推行；那个理论适合他的国情，就在他的国家推行。不能把你的理论强加到别的国家，要别的国家也实行你的理论。中国推行中国特色的社会主义，别的国家无权干涉，这就叫作理论联系实际。理论凡是能够久远存在，并在实际中应用，都有它存在和运用的价值，要一视同仁，不搞偏见，也不能一概照搬照抄。中外理论相互呼应，优势互补，吸取其有益的部分，为我所用。

少小蹉跎
晚徒伤悲

解读

怎样才能提高自己的伦理观念和文化水平呢？主要靠学习。学习从什么时候开始？孔子说："吾十有五而有志于学"，不是说他十五岁的时候才开始学习，而是说他十五岁的时候已经发愤学习了。孟子的母亲为了给他创造一个良好的学习环境，曾经三次搬家。可见他们对学习的重视。现在国家规定孩子六岁上小学，六年制，十二岁小学毕业。高中毕业时十八九岁了，成年了。再往上就是上大学、读研究生了。应该按照国家的规定及时上学呀！过去，我们国家穷，特别是在农村里的孩子上不起学，造成许多文盲，没有知识，怎么能肩负起建设国家的重任？中华人民共和国成立以后，农村教育有了相应的发展，孩子们上学的多了。特别是一些家长，因为自己过去没有好好上学，没有受到应有的教育，而终生贫困，现在要让孩子们上学，学习知识，将来可以改变贫困落后的命运，这是一种进步。

但是，学习需要自觉，别人不能代替你学习。在现实生活中，有时发现一些孩子不爱学习，即使有了学习的机会也不愿意上学，常常发生逃课的现象，这些孩子不听老师、家长的管教，外出流浪，出入歌厅、舞池、赌场，沾染了一些坏习惯，甚至做出一些违法乱纪的事，危害人民，一个美好的青春白白地耽误了。

知识是一个人立身的根本，关系到人的一辈子，不学习，没有知识，两眼一抹黑，将来能做什么事呢？少小蹉跎，老徒伤悲。

十、养　生

黎阳拂照
喜迎朝霞

解读

养生就是保养身心，包括一个人的身体、生活和工作等许多方面。

一年之计在于春，一天之计在于晨。每天黎明太阳出来了，霞光四射，微风吹拂，在农村可能还是雄鸡报晓，而在城市，预拨的钟声一响，就表明天亮了，该起床了。

早晨，人的脑子最清醒，精神焕发，心胸敞达，最善于思考。古代曾子曾说："吾日三省吾身：为人谋而不忠乎？与朋友交而不信乎？传不习乎？"这可能是他晚上反省一天的事。其实早上该想的事，何尝不是这些呢？"我今天要完成什么任务？怎样做好朋友委托的事？要看哪些书报，吸取什么教益？不要把一天白白浪费了。"

早晨是人最清醒的时候，也是最诚实的时候，明白自己该怎么做，不该怎么做。诚实对人，不自欺欺人，不做亏心事，那你就心安理得，条条大道通北京啦！

秉持锻炼
祝尔健康

解读

  生命在于运动。我国古时候的人不注意锻炼、运动，人们往往手无缚鸡之力，被人讥为"东亚病夫"，平均寿命只有四五十岁，七十岁已经算是"古稀"了。当领导的根本不懂得运动，更不要说什么球类比赛了。传说有一个笑话，民国初期，一个军阀当山东省省长，一次他看篮球比赛，双方各五个人抢一个球，大为不满，说"你们不要再抢了，我给你们每人发一个球得嘞！"真是让人哭笑不得。1932年在美国举办奥运会，当时中国只派了一个运动员参加，真是太难堪了。

  中华人民共和国成立以后大力提倡发展体育事业，人们的健康有所改善，再加上生活水平提高，医学发达，人们的体质有了明显增强。至2015年，我国人均预期寿命已达到76岁，2020年将达77岁。我国参加世界体育运动大会、奥运会等，往往有几百人参加，在各个项目中取得了很好的名次，得冠军的也不少，真是今非昔比啦。

  坚持锻炼，祝你健康。

张弛恰适
功效倍增

解读

　　张弛恰当,劳逸结合,这是人们保持身体健康所必须。现在大家的工作都很忙,但是该忙的时候要忙,该松弛的时候要松弛呀,不能只忙不松,或只松不忙,忙了要休息,休息是为了更好地工作,过度疲劳,人的身体和精力跟不上,工作就搞不好。国家为什么要规定每周有两天休息,每天工作八小时,恐怕就由于此吧!

　　古人说:文武之道,一张一弛。张而不弛,领导人做不到,弛而不张,领导人不这样做。一张一弛,才是领导之道。说得很透彻呀!弓弦不能绷得太紧,绷得太紧了,弦要断的;也不能绷得太松,太松了箭射不出去。人也是这样,太紧张了,太劳累了,不利于身体健康,等到累坏了,干不动了,反而耽误工作。既要会工作,更要会休息,休息好了工作更好,不懂得休息的人实际是不会工作的人。所以说要劳逸结合,张弛恰当。

　　老子说:"治大国若烹小鲜",这句话的意思并不是说治理一个大国就像烹饪一个菜肴那样容易,而是说要按既定的方针,按照一定的规则程序进行即可,不用去大翻大搅。方针明确了,办法就有了,一个政策下去了,让老百姓自己去干,不要政出多门,使百姓无所适从,究竟是听哪一个的好。领导也不要事无巨细,事事都亲自过问,哪怕你有三头六臂,也忙不过来呀。上面的工作主要是检查督导,有专门的职能机构来具体做这件事。工作好，学习好，身体好，就事半功倍，效率提增；身体不好，学习不好，工作不好，效率低下，事倍功半。

餐饮宴席
粗纯搭配

解读

餐饮宴席，就是请客吃饭、举行宴会等，贵在热诚，而不必过于丰盛，要讲究营养。

过去人们认为吃大鱼大肉就有营养，吃精纯的粮食可口，现在医生、科学家的看法不同了，认为蔬菜水果、粗粮的营养价值更高。这不是说鱼肉等不要吃，细粮不要吃了，完全可以吃，只是鱼肉、蔬菜、水果、点心、粗粮、细粮要搭配，不要光吃一样，不吃另一样，既不多吃，也不少吃，用两个字来概括，就是"适当"。

提倡这种做法既有科学意义，又有实例证明。就是因为鱼肉吃多了，脂肪太多了，有些人得了肥胖病、糖尿病，还有高血压、高血脂、心脏病等，影响身体健康。中国人现在生活水平提高了，有一点钱了，吃东西也要讲点科学，不要大鱼大肉，山吃海喝，毫无顾虑。这关系到你的身体健康，不可小视。

摒舍陋俗
素朴简约

解读

摒弃陋俗，就是摒弃一些陈旧的、过时的风俗习惯，邪恶风气。譬如我国过去结婚、办丧事等，都有一系列的陈规陋习要做，讲排场。又如搞迷信、赌博、吸毒、嫖娼等，污染了社会，犯了法，既浪费钱财，又耗费精力，造成很大的损失。

素朴简约是针对大量浪费而言的。我国人民现在生活虽然比过去好多了，但也并不是很富裕，浪费不起，即使很富裕了，也不应该浪费呀！过去一个时期，流行请客送礼，特别是在官场，许多大事都是在饭足酒酣时讨论商定的，饭桌上山珍海味，觥筹交错，一顿宴席动辄成千上万，他们哪里还想到这些美味佳肴是怎么生产出来的？心目中还有什么劳动人民？一些人陷入贪污堕落的陷阱中，只知享受，不肯办事，极大地影响了社会风气，祸国殃民呀！中央领导有鉴于此，大力惩治贪腐化，大力整饬奢华腐化的不良风气，取得了良好的成果，大得人心。

中国革命的伟大先驱李大钊1917年发表了一篇名叫《简易生活之必要》的文章，指出："吾人自有其光明磊落之人格，自有真实简朴之生活，当珍之、惜之、宝之、贵之，断不可轻轻掷去，为家族戚友作牺牲，为浮华俗利作奴隶。社会不情之依赖、不义之要求减少一分，即个人过度之负担、失当之应酬减少一分，亦即虚伪之过失、贪婪之罪恶减少一分。"说得多么切当、尖锐、深刻呀！

热忱服务
慷慨捐施

解读

  说到服务,不得不提到毛泽东同志的《为人民服务》那篇文章,说是要全心全意为人民服务,而不是半心半意,三心两意。不论你是一位部长,还是一名炊事员、环卫工人,都是为人民服务。部长的工作重要,难道炊事员、环卫工人的工作就不重要吗?不见得吧!世界上没有部长不行,没有炊事员、环卫工人也不行。没有炊事员,你在一个单位里工作,谁给你做饭吃?没有环卫工人,马路上垃圾堆满地,你怎么走路?然而人们习惯敬重那些部长们,看不上那些炊事员、环卫工人,这是很不公平的。毛泽东为一个在窑洞里执行烧炭任务而去世的青年人开追悼会并致词,是很有深意的。

  人都是要死的,但有的人的死重于泰山,而有的人的死轻于鸿毛,这不是从这个人的地位而论,而是看这个人的工作态度。如果你的地位很高,却不认真工作,甚至贪污腐化,身陷囹圄,你能有多少价值?你的死就轻于鸿毛。而如果你是一名炊事员、环卫工人,你热忱工作,爱岗敬业,把每一餐都做得很好,把环境卫生搞得非常整洁,走路的人感到非常舒畅,你就是功德无量,就是一个高尚的人,就能得到人们的敬重,你的价值不比一位部长差。

  热忱服务,不只是表现在服务的态度上、方法上,而是出自内心,你内心树立了全心全意为人民服务的思想，竭诚服务，慷慨好施，帮助别人也就是帮助了自己，使人倍感温馨，所谓服务态度、工作方法等外在的问题就都可以迎刃而解了。

解 读

生态环卫
绿色低碳

解读

　　生态指的是生物在一定的自然环境下生存和发展的状态，生物的生理特性和生活习性。生态环卫从大的方面讲，就是指生物和影响生物存在和发展的一切外界条件（包括环境卫生）的总和。在自然界，生态因素相互联系、相互影响，共同对生物发生作用，所以说，人与自然是生命共同体，人类应当尊重自然，顺应自然，保护自然，从而把生态环卫、生态文明提到一个突出的地位，成为人与自然和谐共存的现代化生活所必需。

　　要做好这项工作，一是要推进绿色发展，搞好绿色低碳。所谓"绿色"就是指的符合环保要求，无公害和无污染的；所谓"低碳"就是指在大气中温室气体释放二氧化碳比较低。为此要开展创建节约型机关、绿色家庭、绿色学校、绿色金融、绿色社区和绿色出行等行动。二是要着力解决突出的环境卫生问题，如大气污染、水污染的防治，土壤污染的管控、修复，农业资源污染的防治，以及农村人居环境的整治等。三是加大生态系统保护力度，提升生态系统的质量和稳定性。四是改革生态环境监管体制，加强对生态文明建设的总体设计和组织领导。需要全社会都来参加环保工作。在这方面，不要忘记环卫工人的辛勤劳动，他们在改善生态环境和清洁卫生等方面辛勤劳动，是改善生态环卫工作的重要一员，功不可没，应该受到人们的尊重。

正如习近平同志在党的十九大报告中指出的：生态文明建设功在当代、利在千秋。这是一项伟大的传世事业，千万不能忽视。

琴棋书画
修身养性

🌤 解读 🌤

工作一辈子了，老了，退休了，有退休金，子女孝顺，生活不错，可以享清福了。可是如果一个老人在家，起来了就吃，吃了看（电视），看了睡；睡了又起，起了又吃，吃了又看，看了又睡……这样下去，循环往复，生活不是太枯燥了吗？没有啥意义。于是就想要干些什么。这时候中国传统的一些文化艺术、琴棋书画等就会呈现在你的面前，显示它们的魅力，让你钟情。

琴。中国有多种琴瑟，琵琶、古筝、古箫、编钟、二胡，等等，还有从西方传进来的钢琴、提琴等，任你挑选。"年纪大了，还能学得进去吗？"不要紧，只要你喜欢，你就能学进去，不是说"八十岁学吹打"吗？你从60岁学到80岁，不是专家也是专家了。

棋。中国传统的棋艺主要是围棋、象棋，还有什么五子棋、跳棋等，也是五花八门。下棋是要费一些脑筋的，也是锻炼你的意志。关云长刮骨疗毒，他伸出一只中了箭的手臂，任凭医生为他刮毒，另一只手正在跟人下棋呢！一个多么心胸开阔、意志坚毅的人哪！

书。即书法。中国古代大书法家王羲之、欧阳询、颜真卿、柳公权、赵孟頫、米芾、张旭、怀素等的书法，有的潇洒飘逸，有的平和自然，有的奇逸豪放，有的刚劲有力，你不一定都能看得懂，却不能不为他们的雄厚笔力所折服，那么就学吧，还迟疑什么！

画。就是绘画。古代的阎立本、吴道子，等等，都是大画家。什么《清明上河图》呀，什么《千里江山图》呀，都是国之瑰宝。一幅山水画中，一位老人乘一叶孤舟，站立远望，似乎是洞察一切，看似近在咫尺，实是远在天边。画中一双纤手捧着一束玫瑰花伸过来，一下子使看画的人年轻了许多，似乎是一种爱正在向你奉献。画中一只猫，全身雪白，抬起了头，睁着两只发亮的大眼睛看着你，两只前爪提起来，像活的一样，似乎想立刻扑到你的胸口和你温顺一番。凡此等等，多么吸引人呀，快来学画吧！

学习琴、棋、书、画，不仅要费脑筋，也要费体力，锻炼了脑力，也锻炼了身体，更重要的是陶冶你的情操，修身养性，提高素养，延年益寿。你投入到琴棋书画的美景中，还想什么杂七杂八的事呢？

当然，除了琴棋书画之外，还有许多别的事情，例如音乐舞蹈呀，吟诗唱歌呀，出境旅游呀，做体操呀，等等，开阔眼界，增加阅历，扩大心胸，会使你忘记了年岁，变得越活越年轻。

言谈音貌
和蔼可亲

解读

每个人每天都要与人见面、说话、商量事情，这是无人可以或缺的。你见了人，面带笑容，说声"您好！"就给人一种愉悦的感觉。你跟人说话和气，就给人一种亲切感。

说话是一门艺术。人们都愿意听人和气说话，而不愿意听人说话像吵架似的，难以忍受。

人与人之间，不论是什么关系，说话都要和气，态度要和缓，不要硬邦邦的，板起面孔，甚至动辄训人。尤其是上级对下级，虽然职别不同，但人格是平等的，不能像官僚对下属，大声呼斥，怒目相对。即使有不同意见，也要慢慢讨论商量，有理不在声高呀！

以礼待人，商量办事，本身事情就办成了一半；不以礼待人，甚至说粗话，好事也给办坏了。

言语音貌和蔼可亲，不仅是一种礼貌规范，也是一个人自身修养的表现。一个口无遮拦、任意训斥侮辱别人的人，不是说明其有多么高明，而是足以见其文明和文化程度很低。这是人们交往需要十分注意的。

扶迈携幼
欢歌笑语

解读

人老了,精力不足了,身体健康状况差了,行动不便,走路迟缓,与年轻人不可同日而语。孩子们呢?还小,还不懂事,有时候做出一些幼稚的事,也很让人着急。

每一个老人都曾年轻过,每一个年轻人都要老的。是呀,社会就是这样走过来的,这是社会发展的规律。因此,要让老年人过得快乐,要让天真烂漫的小朋友过得快乐,就提到社会的议事日程上来了。

现在我们国家已逐渐进入老龄化社会,据统计,2015年,全国66岁以上人口已有2.2亿。中央领导十分重视这个问题,多次开会研究解决人口老龄化出现的问题。例如多开办敬老院呀,给老人发补助金呀,老人坐车免费呀,号召子女要孝敬老人呀,社会要关注老人呀,等等,给了老人许多关爱和方便,使许多老人感到温暖。对于孩子,要多办幼儿园,满足年轻夫妇的需要。

尊老爱幼是我们国家的传统美德,也是一个国家文明和文化的标志。一个不尊重老人,不爱护孩子的人,怎么能去指望他爱护社会、爱护国家呢?实际上他不尊重别人,不爱护别人,就是不尊重自己,不爱护自己。一个不尊重、不爱护自己的人,能得到别人的尊重爱护吗?不能呀!受到损失的还是自己。

看了欧阳修写的《醉翁亭记》,看了张择端画的《清明上河图》,

解读

负者歌于途,行者休于树,前者呼,后者应,扶老携幼,往来不绝,觥筹交错,欢歌笑语,一幅滁人游览的情景,恍然如在眼前。作者把太守之乐和人民群众之乐融洽地交织在一起,令人神往。

门楣祥瑞
快乐幸福

解读

门楣，泛指门第、家庭。家庭和睦，给人一种幸福祥瑞的感觉。俗话说："家和万事兴。"对呀！家庭，特别是夫妻和睦，万事才能兴旺！古人说："天下之本在家。"家庭是社会的基本细胞，哪一个国家、哪一个民族没有家庭呢？家庭成员的构成诸如父母、子女、兄弟、姊妹等都是血缘关系，血浓于水，理应互相爱护，互相帮助，互相关心，互相体谅，心心相印，心灵感悟，它是支持一个国家、民族、家庭生生不息、薪火相传的重要支撑力量，是文化和文明建设的宝贵精神财富。诚如习近平总书记说的：无论时代如何变化，经济社会如何发展，家庭的生活依托是不可替代的，家庭的社会功能是不可替代的，家庭的文明作用也是不可替代的。

家庭成员和睦相处，同舟共济，人们可以无后顾之忧，一心放在工作上，人心齐，事业成。尤其夫妻融合、和睦，是至关重要的。夫妻不和睦，经常吵架，甚至闹离婚，受害最大的是子女。

父母必须努力保护好家庭成员的健康成长，做出表率，言传身教，树立良好的家风，舐犊情深，父母、兄弟、姊妹和睦相处，何愁家庭不兴旺发达呢！

家庭和睦，门院祥瑞，提高素养，生活安泰，快乐幸福。

附 录

《千字文》

南朝·梁　周兴嗣

天地玄黄，宇宙洪荒。日月盈昃，辰宿列张。
寒来暑往，秋收冬藏。闰馀成岁，律吕调阳。
云腾致雨，露结为霜。金生丽水，玉出昆冈。
剑号巨阙，珠称夜光。果珍李柰，菜重芥姜。
海咸河淡，鳞潜羽翔。龙师火帝，鸟官人皇。
始制文字，乃服衣裳。推位让国，有虞陶唐。
吊民伐罪，周发殷汤。坐朝问道，垂拱平章。
爱育黎首，臣伏戎羌。遐迩一体，率宾归王。
鸣凤在竹，白驹食场。化被草木，赖及万方。
盖此身发，四大五常。恭惟鞠养，岂敢毁伤。
女慕贞洁，男效才良。知过必改，得能莫忘。
罔谈彼短，靡恃己长。信使可覆，器欲难量。
墨悲丝染，诗赞羔羊。景行维贤，克念作圣。
德建名立，形端表正。空谷传声，虚堂习听。
祸因恶积，福缘善庆。尺璧非宝，寸阴是竞。

资父事君，曰严与敬。孝当竭力，忠则尽命。
临深履薄，夙兴温凊。似兰斯馨，如松之盛。
川流不息，渊澄取映。容止若思，言辞安定。
笃初诚美，慎终宜令。荣业所基，籍甚无竟。
学优登仕，摄职从政。存以甘棠，去而益咏。
乐殊贵贱，礼别尊卑。上和下睦，夫唱妇随。
外受傅训，入奉母仪。诸姑伯叔，犹子比儿。
孔怀兄弟，同气连枝。交友投分，切磨箴规。
仁慈隐恻，造次弗离。节义廉退，颠沛匪亏。
性静情逸，心动神疲。守真志满，逐物意移。
坚持雅操，好爵自縻。都邑华夏，东西二京。
背邙面洛，浮渭据泾。宫殿盘郁，楼观飞惊。
图写禽兽，画彩仙灵。丙舍傍启，甲帐对楹。
肆筵设席，鼓瑟吹笙。升阶纳陛，弁转疑星。
右通广内，左达承明。既集坟典，亦聚群英。
杜稿钟隶，漆书壁经。府罗将相，路侠槐卿。
户封八县，家给千兵。高冠陪辇，驱毂振缨。
世禄侈富，车驾肥轻。策功茂实，勒碑刻铭。
磻溪伊尹，佐时阿衡。奄宅曲阜，微旦孰营。
桓公匡合，济弱扶倾。绮回汉惠，说感武丁。
俊乂密勿，多士寔宁。晋楚更霸，赵魏困横。
假途灭虢，践土会盟。何遵约法，韩弊烦刑。
起翦颇牧，用军最精。宣威沙漠，驰誉丹青。
九州禹迹，百郡秦并。岳宗泰岱，禅主云亭。
雁门紫塞，鸡田赤城。昆池碣石，巨野洞庭。
旷远绵邈，岩岫杳冥。治本于农，务兹稼穑。
俶载南亩，我艺黍稷。税熟贡新，劝赏黜陟。

孟轲敦素，史鱼秉直。庶几中庸，劳谦谨敕。
聆音察理，鉴貌辨色。贻厥嘉猷，勉其祗植。
省躬讥诫，宠增抗极。殆辱近耻，林皋幸即。
两疏见机，解组谁逼。索居闲处，沉默寂寥。
求古寻论，散虑逍遥。欣奏累遣，戚谢欢招。
渠荷的历，园莽抽条。枇杷晚翠，梧桐蚤凋。
陈根委翳，落叶飘摇。游鹍独运，凌摩绛霄。
耽读玩市，寓目囊箱。易輶攸畏，属耳垣墙。
具膳餐饭，适口充肠。饱饫烹宰，饥厌糟糠。
亲戚故旧，老少异粮。妾御绩纺，侍巾帷房。
纨扇圆絜，银烛炜煌。昼眠夕寐，蓝笋象床。
弦歌酒宴，接杯举觞。矫手顿足，悦豫且康。
嫡后嗣续，祭祀烝尝。稽颡再拜，悚惧恐惶。
笺牒简要，顾答审详。骸垢想浴，执热愿凉。
驴骡犊特，骇跃超骧。诛斩贼盗，捕获叛亡。
布射僚丸，嵇琴阮啸。恬笔伦纸，钧巧任钓。
释纷利俗，并皆佳妙。毛施淑姿，工颦妍笑。
年矢每催，曦晖朗曜。璇玑悬斡，晦魄环照。
指薪修祜，永绥吉劭。矩步引领，俯仰廊庙。
束带矜庄，徘徊瞻眺。孤陋寡闻，愚蒙等诮。
谓语助者，焉哉乎也！

后 记

敬启者
　　——致读者

《新千字文》
重在一个"新"字
贵在一个"千"字
严在一个"字"字
难在一个"文"字

千字太长
包罗万象
故予分类
条清缕析
便于卒读

千字太短
碍难尽意
故予解读

旁征博引
便于领会

念天地之悠悠
感沧海之无穷
思先贤之艰辛
启后人之余勇

追本溯源
不敢造次
字斟句酌
逢疑必究
趔趄前行
只是尝试

敬请指点
敬请批评
抛砖引玉
推陈出新

作者敬识
2019 年春